Learn German with A1 Stories for Beginners

The Big Book of

Mystery, Science Fiction and Time Travel

Brian Smith

German Graded Readers

For more books and E-book options visit:

www.briansmith.de

Das Geheimnis des alten Schlüssels

Der alte Schlüssel

Anna findet einen alten Schlüssel im Garten. Der Schlüssel ist rostig und alt. „Schau mal, Lisa! Ich habe diesen Schlüssel gefunden," sagt Anna.

Lisa sieht den Schlüssel an. „Wow, der sieht geheimnisvoll aus," antwortet sie.

Die beiden Mädchen sind neugierig. „Was sollen wir damit machen?" fragt Anna.

„Lass uns nach dem Schloss suchen," sagt Lisa.

Sie gehen zu Annas Großmutter. „Oma, kennst du diesen Schlüssel?" fragt Anna.

Die Großmutter schaut den Schlüssel an. „Nein, ich habe ihn noch nie gesehen," sagt sie. „Er sieht sehr alt aus."

„Wir wollen mehr herausfinden," sagt Lisa.

„Gehen wir in die Bibliothek," schlägt Anna vor.

Die Mädchen gehen in die Stadtbibliothek. Dort suchen sie nach alten Büchern. „Hier ist ein Buch über alte Schlüssel," sagt Anna.

Lisa blättert durch das Buch. „Dieser Schlüssel sieht ähnlich aus," sagt sie und zeigt auf ein Bild.

„Ja, das stimmt," antwortet Anna. „Hier steht etwas über ein altes Haus," liest Lisa vor. „Wollen wir hingehen?"

„Ja, lass uns gehen," sagt Anna.

- Bild - picture
- Bibliothek - library
- Buch - book

- Garten - garden
- geheimnisvoll - mysterious
- neugierig - curious
- rostig - rusty
- Schlüssel - key
- Schloss - lock
- Stadtbibliothek - city library

Die erste Spur

Anna und Lisa finden einen Hinweis im Buch. „Schau mal, hier ist ein Hinweis," sagt Lisa und zeigt auf eine Seite.

„Was steht da?" fragt Anna neugierig.

„Der Hinweis führt zu einem alten Haus," liest Lisa vor.

„Ein altes Haus? Das klingt spannend!" sagt Anna.

„Ja, lass uns hingehen," antwortet Lisa.

Sie gehen zu dem alten Haus. Das Haus ist verlassen und sehr alt. „Es sieht unheimlich aus," sagt Anna.

„Keine Angst, wir sind zusammen," sagt Lisa beruhigend.

Die Mädchen betreten vorsichtig das Haus. Es ist dunkel und unheimlich. „Hörst du das?" fragt Anna leise.

„Ja, es klingt seltsam," antwortet Lisa.

Plötzlich fällt eine Tür zu. Anna schreit. „Oh nein, was war das?" ruft sie.

„Beruhige dich, Anna. Es war nur der Wind," sagt Lisa.

Sie suchen nach dem Schloss für den Schlüssel. „Hier ist eine alte Truhe," sagt Anna und zeigt darauf.

„Versuch den Schlüssel," sagt Lisa aufgeregt.

Die Truhe ist verschlossen. Der Schlüssel passt in das Schloss. „Ich öffne sie," sagt Anna.

Sie öffnen die Truhe. In der Truhe liegt ein alter Brief. „Was steht in dem Brief?" fragt Lisa neugierig.

„Ich weiß nicht, lass uns ihn lesen," antwortet Anna.

- Brief - letter
- Haus - house
- Hinweis - clue
- lesen - read
- Schlüssel - key
- Schloss - lock
- Seite - page
- Truhe - chest
- unheimlich - creepy
- verlassen - abandoned

Der alte Brief

Anna und Lisa sitzen am Küchentisch. „Der Brief ist sehr alt und schwer zu lesen," sagt Anna.

„Ja, die Schrift ist sehr altmodisch," antwortet Lisa. „Wir müssen ihn entziffern."

„Okay, lass es uns versuchen," sagt Anna. Sie beginnen, den Brief zu lesen. „Es ist wirklich schwer."

„Vielleicht hilft es, wenn wir den Brief mit nach Hause nehmen," schlägt Lisa vor.

Zu Hause untersuchen sie den Brief genauer. „Schau mal, hier steht etwas über einen verborgenen Schatz," sagt Anna.

„Einen Schatz? Das ist spannend!" sagt Lisa. „Es gibt auch eine Karte im Brief."

„Die Karte zeigt einen alten Friedhof," sagt Anna und zeigt auf die Karte.

Anna und Lisa sind aufgeregt. „Wir müssen den Friedhof besuchen," sagt Lisa.

„Ja, aber vielleicht morgen. Es wird schon dunkel," meint Anna.

Am nächsten Tag gehen sie zum Friedhof. Der Friedhof ist alt und verlassen. „Es ist hier ziemlich gruselig," sagt Anna.

„Keine Sorge, wir finden den Schatz," sagt Lisa entschlossen.

Sie suchen nach dem Ort auf der Karte. „Hier muss es sein," sagt Anna und zeigt auf einen Platz.

Sie finden eine alte Gruft. „Das muss der richtige Ort sein," sagt Lisa.

Die Gruft ist verschlossen. „Der Schlüssel passt nicht," sagt Anna enttäuscht.

„Wir müssen einen anderen Weg finden," sagt Lisa nachdenklich.

- Brief - letter
- entschlossen - determined
- Friedhof - cemetery
- gruselig - spooky
- Gruft - tomb
- Karte - map
- Küchentisch - kitchen table
- Schatz - treasure
- Schrift - handwriting
- verborgenen - hidden

Das Geheimnis der Gruft

Die Mädchen stehen vor der Gruft. „Wie können wir die Gruft öffnen?" fragt Anna.

„Der alte Schlüssel passt nicht," sagt Lisa und versucht den Schlüssel.

„Wir müssen einen anderen Weg finden," sagt Anna.

Sie suchen um die Gruft herum. „Schau mal, hier ist ein loses Gitter," ruft Lisa.

„Vielleicht können wir da durchkriechen," schlägt Anna vor.

Sie kriechen durch das Gitter in die Gruft. Die Gruft ist dunkel und kalt. „Es ist sehr kalt hier," sagt Anna zitternd.

„Ja, aber wir haben Taschenlampen," antwortet Lisa. Sie leuchten mit ihren Taschenlampen.

„Sieh mal, da sind alte Särge," sagt Anna und zeigt mit der Taschenlampe.

„Einer der Särge ist offen," bemerkt Lisa.

„Darin ist etwas," sagt Anna aufgeregt. Sie schauen in den offenen Sarg.

„Hier ist eine weitere Karte," sagt Lisa und nimmt die Karte heraus.

„Die Karte zeigt ein altes Schloss," sagt Anna und betrachtet die Karte.

„Wir müssen zum Schloss gehen," sagt Lisa entschlossen.

„Es wird langsam dunkel," bemerkt Anna. „Wir sollten den Friedhof verlassen."

Die Mädchen verlassen schnell den Friedhof. „Lass uns nach Hause gehen und uns vorbereiten," sagt Anna.

„Ja, morgen gehen wir zum Schloss," stimmt Lisa zu.

- betrachtet - examines
- dunkel - dark
- entschlossen - determined
- Gitter - grate
- Gruft - tomb
- kriechen - crawl
- lose - loose
- Sarg - coffin
- Schloss - castle
- zitternd – shivering, trembling

Das alte Schloss

Am nächsten Tag fahren Anna und Lisa zum Schloss. „Das Schloss ist sehr groß und alt," sagt Anna.

„Ja, es sieht geheimnisvoll aus," antwortet Lisa.

Sie betreten das Schloss. Es gibt viele Zimmer und Gänge. „Wo sollen wir suchen?" fragt Anna.

„Lass uns die Karte ansehen," sagt Lisa und holt die Karte heraus.

Sie folgen der Karte. „Hier muss es sein," sagt Lisa und zeigt auf eine Wand.

„Ich sehe nichts," sagt Anna verwirrt.

„Vielleicht ist hier eine verborgene Tür," sagt Lisa und klopft an die Wand.

Plötzlich öffnet sich eine Tür. „Da ist die Tür!" ruft Anna.

Die Tür ist verschlossen. „Versuch den alten Schlüssel," sagt Lisa.

Der alte Schlüssel passt. „Er passt!" sagt Anna und dreht den Schlüssel um.

Hinter der Tür ist ein langer Gang. „Das ist unheimlich," sagt Anna.

„Keine Angst, wir sind zusammen," sagt Lisa.

Sie gehen den Gang entlang. Der Gang führt zu einem geheimen Raum. „Schau, ein geheimer Raum!" sagt Anna aufgeregt.

Im Raum finden sie viele alte Bücher. „So viele Bücher," sagt Lisa erstaunt.

Ein Buch ist besonders. „Dieses Buch hat ein seltsames Symbol," sagt Anna und nimmt das Buch.

„Wir sollten es mitnehmen," sagt Lisa.

Plötzlich hören sie Schritte. „Hörst du das?" fragt Anna ängstlich.

„Jemand ist im Schloss," flüstert Lisa.

- alt - old
- besonders - special
- geheim - secret
- geheimnisvoll - mysterious
- Gang - corridor
- Karte - map
- Schloss - castle
- Symbol - symbol
- unheimlich - creepy
- verborgene - hidden

Die Verfolgung

Die Mädchen verstecken sich hinter einem Regal. „Was sollen wir tun?" flüstert Anna.

„Bleib ruhig, jemand kommt," antwortet Lisa leise.

Ein Mann betritt den Raum. Er sieht sehr gefährlich aus. „Wer ist das?" fragt Anna.

„Keine Ahnung, aber er sieht gefährlich aus," sagt Lisa.

Der Mann sucht nach etwas. „Er sucht bestimmt nach uns," sagt Anna ängstlich.

Er findet die verborgene Tür. „Er hat die Tür gefunden," sagt Lisa.

Er bemerkt, dass jemand dort war. Der Mann sieht das offene Buchregal. „Wir müssen hier raus," sagt Anna.

Anna und Lisa versuchen zu fliehen. Der Mann hört sie. „Da sind sie!" ruft der Mann.

Er läuft ihnen hinterher. „Schnell, renn!" ruft Lisa.

Die Mädchen rennen durch das Schloss. „Wo sollen wir hin?" fragt Anna.

„Hier rein," sagt Lisa und zieht Anna in einen anderen Raum.

Sie verstecken sich in einem anderen Raum. „Ich glaube, wir sind sicher," sagt Anna.

Der Mann sucht sie. „Er darf uns nicht finden," sagt Lisa.

Sie finden einen zweiten Ausgang. „Hier ist ein Ausgang!" ruft Anna.

Sie entkommen aus dem Schloss. „Wir haben es geschafft," sagt Lisa erleichtert.

„Ja, aber was machen wir jetzt?" fragt Anna.

- andere - other
- Angst - fear
- Ausgang - exit
- Buchregal - bookshelf
- gefährlich - dangerous
- hinterher - after
- leise - quietly
- rein - in
- rennen - run
- sicher - safe

Das geheimnisvolle Buch

Zu Hause öffnen Anna und Lisa das Buch. „Schau mal, was drin steht,“ sagt Anna.

„Das Buch ist in einer alten Sprache geschrieben,“ bemerkt Lisa.

„Ich verstehe die Sprache nicht,“ sagt Anna verwirrt.

„Vielleicht finden wir eine Übersetzung im Internet,“ schlägt Lisa vor.

Sie suchen im Internet nach Übersetzungen. „Hier ist etwas,“ sagt Anna und liest vor.

„Das Buch erzählt von einem alten Schatz,“ sagt Lisa erstaunt.

„Ein Schatz? Wo ist er?“ fragt Anna.

„Der Schatz ist irgendwo im Schloss versteckt,“ erklärt Lisa.

Sie blättern weiter im Buch. „Hier ist eine Notiz,“ sagt Anna.

„Die Notiz ist von einem Professor,“ liest Lisa.

„Der Professor lebt in der Stadt,“ sagt Anna.

„Wir sollten den Professor besuchen,“ schlägt Lisa vor.

Am nächsten Tag besuchen sie den Professor. „Guten Tag, Herr Professor. Wir haben dieses Buch gefunden," sagt Anna.

Der Professor ist sehr alt. „Ah, ich kenne dieses Buch," sagt der Professor und lächelt.

„Was können Sie uns darüber erzählen?" fragt Lisa.

„Das Buch erzählt von einem sehr wertvollen Schatz," erklärt der Professor.

„Wo ist der Schatz?" fragt Anna neugierig.

„Der Schatz ist im Schloss versteckt," sagt der Professor.

„Wir müssen zurück zum Schloss," sagt Lisa entschlossen.

„Ja, das müssen wir," stimmt Anna zu.

- alt - old
- blättern - to leaf through
- erzählen - to tell
- finden - to find
- Notiz - note
- Professor - professor
- Schatz - treasure
- Sprache - language
- Übersetzung - translation
- wertvoll - valuable

Die Rückkehr zum Schloss

Die Mädchen gehen wieder zum Schloss. „Dieses Mal müssen wir vorsichtiger sein," sagt Anna.

„Ja, wir dürfen keinen Lärm machen," antwortet Lisa.

Sie betreten das Schloss durch den zweiten Ausgang. „Hier ist es sicherer," sagt Lisa.

„Okay, lass uns den Schatz suchen,“ sagt Anna.

Sie folgen den Anweisungen im Buch. „Wir müssen nach einem geheimen Raum suchen,“ sagt Lisa.

„Ich glaube, hier ist er,“ sagt Anna und zeigt auf eine Wand.

Sie finden einen geheimen Raum. „Wow, schau dir das an!“ sagt Lisa.

Im Raum gibt es viele alte Gegenstände. „Hier muss irgendwo der Schatz sein,“ sagt Anna.

Sie finden eine versteckte Tür. „Hier ist eine Tür,“ sagt Lisa aufgeregt.

Hinter der Tür ist eine Treppe. „Die Treppe führt nach unten,“ sagt Anna.

„Gehen wir runter,“ sagt Lisa mutig.

Die Treppe führt zu einem Keller. „Es ist dunkel hier unten,“ sagt Anna.

Im Keller finden sie eine alte Truhe. „Das muss der Schatz sein!“ ruft Lisa.

Die Truhe ist verschlossen. „Versuch den Schlüssel,“ sagt Anna.

Der alte Schlüssel passt in das Schloss. „Er passt!“ sagt Lisa.

Sie öffnen die Truhe. „Der Schatz ist darin,“ sagt Anna erstaunt.

„Wir haben ihn gefunden!“ ruft Lisa glücklich.

- Anweisung - instruction
- Ausgang - exit
- dunkel - dark
- Gegenstand - object
- Keller - basement

- Schlüssel - key
- sicher - safe
- Treppe - stairs
- Tür - door
- vorsichtig - careful

Die Gefahr

Plötzlich hören Anna und Lisa Schritte. „Hörst du das?" fragt Anna.

„Ja, jemand kommt," antwortet Lisa.

Der gefährliche Mann ist zurück. „Er hat uns gefunden!" ruft Lisa.

„Was sollen wir tun?" fragt Anna panisch.

„Wir müssen fliehen," sagt Lisa.

Der Mann will den Schatz stehlen. „Gebt mir den Schatz!" ruft der Mann.

„Nein, wir rennen!" sagt Anna entschlossen.

Anna und Lisa versuchen zu fliehen. Der Mann verfolgt sie. „Schnell, lauf!" ruft Lisa.

Sie rennen durch das Schloss. „Wo ist der Ausgang?" fragt Anna.

„Hier entlang!" sagt Lisa und zeigt den Weg.

Sie finden einen versteckten Ausgang. „Hier ist der Ausgang!" ruft Anna.

Der Mann holt sie fast ein. „Schnell, bevor er uns erwischt!" ruft Lisa.

Lisa stolpert und fällt. „Oh nein!" schreit sie.

Anna hilft ihr auf. „Komm, wir müssen weiter!" sagt Anna.

Sie rennen weiter. „Der Mann ist sehr nah,“ sagt Lisa ängstlich.

Sie erreichen den Ausgang. „Hier ist die Tür!“ ruft Anna.

Sie entkommen knapp. „Wir haben es geschafft!“ sagt Lisa erleichtert.

„Ja, aber wir müssen aufpassen,“ sagt Anna.

- entlang - along
- erwischen - to catch
- gefunden - found
- gefährlich - dangerous
- hören - to hear
- laufen - to run
- Schatz - treasure
- Schritte - footsteps
- stolpern - to stumble
- versteckt - hidden

Die Konfrontation

Der Mann verfolgt Anna und Lisa weiter. „Er kommt immer näher!“ sagt Anna ängstlich.

„Wir müssen uns verstecken,“ sagt Lisa.

Anna und Lisa verstecken sich im Wald. „Hier sind wir sicher,“ sagt Lisa.

„Wir müssen die Polizei rufen,“ sagt Anna.

Sie rufen die Polizei. „Bitte kommen Sie schnell, ein Mann verfolgt uns,“ sagt Lisa ins Telefon.

Der Mann findet ihr Versteck. „Da seid ihr!“ ruft der Mann wütend.

„Er ist sehr wütend," flüstert Anna.

„Gebt mir den Schatz!" verlangt der Mann.

„Nein, das werden wir nicht tun," sagt Lisa mutig.

Der Mann wird aggressiv. „Ihr müsst mir den Schatz geben!" schreit er.

Plötzlich erscheint die Polizei. „Halt, Polizei!" ruft ein Polizist.

Der Mann wird festgenommen. „Sie sind verhaftet," sagt der Polizist.

Anna und Lisa sind erleichtert. „Wir sind gerettet," sagt Anna.

„Ja, danke an die Polizei," sagt Lisa.

Die Polizei untersucht den Schatz. „Der Schatz gehört einer alten Familie," erklärt ein Polizist.

Die Familie ist sehr dankbar. „Danke, dass ihr unseren Schatz gefunden habt," sagt ein Familienmitglied.

Anna und Lisa sind glücklich. „Wir haben es geschafft," sagt Anna.

„Ja, und wir sind sicher," sagt Lisa.

- aggressiv - aggressive
- dankbar - grateful
- finden - to find
- festgenommen - arrested
- gehört - belongs
- glücklich - happy
- mutig - brave
- Polizist - policeman
- sicher - safe
- wütend - angry

Das Geheimnis der toten Katze

Die Entdeckung

Anna spielt im Garten. Plötzlich bleibt sie stehen. Sie findet eine tote Katze. Anna ist schockiert. „Oh nein, was ist passiert?" murmelt sie.

Anna ruft ihre Freundin Lisa. Lisa kommt sofort. „Was ist los?" fragt Lisa.

„Ich habe eine tote Katze gefunden," sagt Anna traurig.

Lisa sieht die Katze an. „Das ist schrecklich. Was sollen wir tun?" fragt Lisa.

„Wir müssen die Katze begraben," sagt Anna. „Holst du eine Schaufel?"

„Ja, ich hole sie," sagt Lisa. Sie rennt ins Haus und kommt mit einer Schaufel zurück.

Gemeinsam graben sie ein Loch im Garten. „Es tut mir so leid, kleine Katze," sagt Anna leise.

Sie legen die Katze in das Loch. „Ruhe in Frieden," sagt Lisa und deckt das Loch mit Erde zu.

„Wer hat das der Katze angetan?" fragt Anna.

„Ich weiß nicht," sagt Lisa. „Es ist ein Rätsel."

„Wir müssen das herausfinden," sagt Anna entschlossen.

„Ja, lass uns nach Hinweisen suchen," stimmt Lisa zu.

Sie beginnen, den Garten zu durchsuchen. „Vielleicht finden wir etwas Nützliches," sagt Anna hoffnungsvoll.

Lisa nickt. „Ja, wir dürfen nicht aufgeben."

- begraben - to bury
- Erde - soil
- friedlich - peaceful
- Garten - garden
- Hinweis - clue
- Katze - cat
- Loch - hole
- murmeln - to murmur
- Schaufel - shovel
- schrecklich - terrible

Die ersten Hinweise

Anna und Lisa durchsuchen den Garten weiter. Anna findet einen Zettel neben der Katze. „Schau mal, Lisa! Hier ist ein Zettel," sagt Anna.

„Was steht auf dem Zettel?" fragt Lisa neugierig.

„Es sind seltsame Zeichen," sagt Anna und zeigt den Zettel.

„Das sieht komisch aus," sagt Lisa. „Lass uns den Zettel mit ins Haus nehmen."

Sie gehen ins Haus und fragen Annas Mutter um Rat. „Mama, kannst du diese Zeichen lesen?" fragt Anna.

Die Mutter sieht sich den Zettel an. „Ich verstehe die Zeichen nicht," sagt die Mutter.

Anna und Lisa sind verwirrt. „Was sollen wir jetzt tun?" fragt Lisa.

„Vielleicht finden wir etwas im Internet," schlägt Anna vor.

Sie suchen im Internet nach den Zeichen. „Hier sind ähnliche Zeichen," sagt Lisa und zeigt auf den Bildschirm.

„Es ist eine alte Schrift," erklärt Anna.

„Was bedeutet das?" fragt Lisa.

„Ich weiß es nicht. Wir müssen mehr herausfinden," sagt Anna entschlossen.

„Lass uns zur Stadtbibliothek gehen," sagt Lisa.

Sie gehen zur Stadtbibliothek. „Wo finden wir Bücher über alte Schriften?" fragt Lisa die Bibliothekarin.

„Im zweiten Stock," antwortet die Bibliothekarin freundlich.

Sie suchen nach Büchern über alte Schriften. „Hier ist ein Buch mit den Zeichen," sagt Lisa und zeigt auf ein Buch.

Anna nimmt das Buch. „Lass uns das lesen," sagt sie.

- Bibliothekarin – librarian (female)
- Buch - book
- freundlich - friendly
- Internet - internet
- lesen - to read
- Mutter - mother
- Schrift - script
- seltsam - strange
- Zeichen - symbols
- Zettel - note

Das Rätsel der Zeichen

Anna und Lisa lesen das Buch in der Bibliothek. „Die Zeichen bedeuten Gefahr," sagt Anna plötzlich.

„Warum Gefahr?" fragt Lisa verwundert.

„Vielleicht hat jemand die Katze gewarnt," sagt Anna nachdenklich.

„Das klingt verrückt," sagt Lisa und schüttelt den Kopf.

„Aber es ist möglich," sagt Anna. „Wir müssen vorsichtig sein."

„Ja, das stimmt," antwortet Lisa. „Wir sollten weiter suchen."

Sie gehen zurück in den Garten. „Vielleicht finden wir mehr Hinweise," sagt Lisa.

„Ja, lass uns den Garten erneut durchsuchen," stimmt Anna zu.

Die Mädchen suchen überall im Garten. Plötzlich findet Anna eine kleine Kiste. „Lisa, schau mal, ich habe etwas gefunden!" ruft sie.

„Was ist in der Kiste?" fragt Lisa neugierig.

Anna öffnet die Kiste. „Hier ist ein alter Schlüssel," sagt sie erstaunt.

„Wofür ist dieser Schlüssel?" fragt Anna und hält den Schlüssel hoch.

„Ich weiß nicht," sagt Lisa. „Vielleicht finden wir das heraus."

„Lass uns nachdenken," sagt Anna. „Wo könnten wir diesen Schlüssel benutzen?"

„Ich habe keine Ahnung," sagt Lisa. „Vielleicht gibt es irgendwo ein Schloss."

„Wir müssen weiter suchen," sagt Anna entschlossen. „Das Rätsel ist noch nicht gelöst."

„Ja, wir dürfen nicht aufgeben," sagt Lisa und nickt. „Lass uns weitermachen."

- bedeutet - means
- entspannt - relaxed
- Gefahr - danger

- Hinweise - clues
- Kiste - box
- Kopf - head
- Lösung - solution
- nachdenklich - thoughtful
- Schlüssel - key
- vorsichtig - careful

Das geheimnisvolle Schloss

Anna und Lisa betrachten den Schlüssel. „Er sieht sehr alt aus,"
sagt Lisa.

„Ja, wirklich. Wir müssen das Schloss finden," sagt Anna
entschlossen.

Sie fragen Annas Großvater. „Opa, hast du ein altes Schloss
gesehen?" fragt Anna.

„Ja, im Wald gibt es ein altes Schloss," sagt der Großvater und
zeigt in die Richtung.

Anna und Lisa gehen in den Wald. Nach einer Weile finden sie
das alte Schloss. „Es ist sehr gruselig," sagt Lisa und schaut sich
um.

„Wir müssen mutig sein," sagt Anna und nimmt Lisas Hand.

Sie suchen nach dem Schlüsselloch. „Es muss hier irgendwo
sein," sagt Anna.

„Hier ist eine Tür," sagt Lisa und zeigt auf eine alte Tür.
„Vielleicht passt der Schlüssel hier."

Anna probiert den Schlüssel aus. „Der Schlüssel passt!" sagt
Anna begeistert.

Sie öffnen die Tür langsam. Hinter der Tür ist ein dunkler Raum.
„Es ist so dunkel hier drin," sagt Lisa leise.

„Wir brauchen eine Taschenlampe," sagt Anna und zieht eine kleine Taschenlampe aus ihrer Tasche.

Sie leuchten in den Raum. „Schau mal, da sind alte Möbel," sagt Lisa.

„Ja, und viele Bücher," bemerkt Anna. „Wir sollten uns umsehen."

„Okay, lass uns vorsichtig sein," sagt Lisa. Sie treten gemeinsam in den Raum.

- begeistert - excited
- betrachten - to look at
- Bücher - books
- dunkel - dark
- entschlossen - determined
- gruselig - creepy
- Möbel - furniture
- mutig – brave
- Schloss - chateau
- Taschenlampe - flashlight
- vorsichtig - careful

Das dunkle Geheimnis

Anna und Lisa betreten den Raum. Der Raum ist sehr dunkel. „Es ist so dunkel hier," sagt Lisa.

„Zum Glück haben wir Taschenlampen," sagt Anna. Sie schalten ihre Taschenlampen ein.

„Was ist das?" fragt Lisa und leuchtet in eine Ecke.

„Es sieht aus wie ein alter Schreibtisch," sagt Anna und geht näher heran.

Auf dem Schreibtisch liegt ein Buch. „Schau mal, da ist ein Buch," sagt Lisa.

„Wir sollten es öffnen," sagt Anna. Sie öffnet das Buch.

„Es sind mehr von diesen Zeichen," sagt Lisa überrascht.

„Lass uns das Buch mitnehmen," schlägt Anna vor.

Plötzlich hören sie ein Geräusch. „Was war das?" fragt Lisa erschrocken.

„Vielleicht nur der Wind," sagt Anna, obwohl sie auch Angst hat.

„Wir sollten schnell den Raum verlassen," sagt Lisa nervös.

Sie verlassen schnell den Raum. „Wir müssen das Buch lesen," sagt Lisa entschlossen.

„Ja, aber wo?" fragt Anna.

„Vielleicht bei mir zu Hause?" schlägt Lisa vor.

„Ja, das ist eine gute Idee," sagt Anna. „Lass uns gehen."

Die beiden Mädchen machen sich schnell auf den Weg zu Lisas Haus.

- Buch - book
- Ecke - corner
- erschrocken - frightened
- Geräusch - noise
- lesen - to read
- nehmen - to take
- Schreibtisch - desk
- Taschenlampe - flashlight
- verlassen - to leave
- Wind - wind

Die Verfolgung

Anna und Lisa gehen zurück nach Hause. Auf dem Weg bemerken sie jemanden. „Da ist ein Mann," sagt Lisa nervös.

„Er folgt uns," sagt Anna und sieht sich um.

„Lauf!" ruft Anna plötzlich.

Sie rennen so schnell sie können. Der Mann verfolgt sie. „Warum verfolgt er uns?" fragt Anna außer Atem.

„Vielleicht wegen des Buches," sagt Lisa.

Sie verstecken sich hinter einem Baum. Der Mann sucht sie. „Er darf uns nicht finden," flüstert Anna.

„Wir müssen nach Hause," sagt Lisa entschlossen.

Sie warten, bis der Mann weg ist. „Jetzt ist er weg," sagt Anna leise.

Dann rennen sie nach Hause. „Wir müssen vorsichtig sein," sagt Lisa.

„Ja, wir dürfen niemandem von dem Buch erzählen," sagt Anna.

„Okay, lass uns schnell ins Haus gehen," sagt Lisa.

Sie erreichen das Haus und schließen die Tür hinter sich. „Wir sind sicher," sagt Anna erleichtert.

„Ja, aber was machen wir jetzt?" fragt Lisa.

„Wir müssen das Buch lesen und das Geheimnis lösen," sagt Anna.

„Lass uns einen sicheren Platz finden," sagt Lisa.

- außer Atem - out of breath
- bemerken - to notice

- Buch - book
- entschlossen - determined
- folgen - to follow
- geheim - secret
- nervös - nervous
- sicher - safe
- verstecken - to hide
- weg - away

Das Buch

Zu Hause öffnen Anna und Lisa das Buch. „Es ist schwer zu lesen," sagt Anna und runzelt die Stirn.

„Ja, die Schrift ist sehr alt," antwortet Lisa.

Sie suchen im Internet nach Übersetzungen. „Hier ist etwas," sagt Anna plötzlich.

„Was hast du gefunden?" fragt Lisa.

„Es ist ein Tagebuch," erklärt Anna.

„Ein Tagebuch von wem?" fragt Lisa neugierig.

„Von einem alten Mann," liest Anna weiter.

„Er schreibt über einen Schatz," sagt Lisa erstaunt.

„Ein Schatz? Das klingt interessant," sagt Anna.

„Aber auch gefährlich," warnt Lisa.

„Wir müssen vorsichtig sein," sagt Anna zustimmend.

„Ja, aber wir dürfen nicht aufgeben," sagt Lisa entschlossen.

„Lass uns weiter lesen," sagt Anna und blättert eine Seite um.

„Hier steht etwas über eine Karte," liest Lisa.

„Wir brauchen mehr Informationen," sagt Anna.

„Ja, wir müssen alles genau lesen," sagt Lisa.

Anna nickt. „Lass uns das Geheimnis lösen," sagt sie.

„Ja, wir schaffen das," sagt Lisa und lächelt.

- blättern - to leaf through
- gefährlich - dangerous
- Karte - map
- lösen - to solve
- Schatz - treasure
- Schrift - handwriting
- Tagebuch - diary
- Übersetzungen - translations
- vorsichtig - careful
- zustimmend - agreeing

Das Treffen

Am nächsten Tag treffen sich Anna und Lisa mit Max. „Max, wir brauchen deine Hilfe," sagt Anna.

„Was ist los?" fragt Max neugierig.

„Wir haben ein Geheimnis entdeckt," erklärt Lisa.

„Erzähl mir alles," sagt Max gespannt.

Sie erzählen ihm von der toten Katze. Max ist schockiert. „Das ist schrecklich," sagt er.

„Ja, aber wir haben Hinweise gefunden," sagt Anna.

„Was für Hinweise?" fragt Max.

Sie zeigen ihm das Buch und den Schlüssel. „Das ist sehr interessant," sagt Max und betrachtet die Sachen.

„Kannst du uns helfen?" fragt Lisa hoffnungsvoll.

„Natürlich, ich bin dabei," sagt Max entschlossen.

„Lass uns zusammenarbeiten," sagt Anna.

„Ja, wir müssen das Geheimnis lösen," sagt Max.

„Wo sollen wir anfangen?" fragt Lisa.

„Wir sollten zuerst das Buch weiter lesen," schlägt Max vor.

„Gute Idee," sagt Anna. „Vielleicht finden wir noch mehr Hinweise."

„Okay, wir treffen uns später wieder," sagt Max.

„Ja, bis später," sagt Lisa und lächelt.

- betrachten - to look at
- entdecken - to discover
- gespannt - curious
- Geheimnis - mystery
- Hinweise - clues
- hoffnungsvoll - hopeful
- Katze - cat
- lächeln - to smile
- lesen - to read
- schrecklich - terrible

Die Entdeckung

Anna, Lisa und Max gehen zurück zum alten Schloss. Max hat eine Karte dabei. „Die Karte zeigt einen versteckten Raum," sagt Max und zeigt auf die Karte.

„Wo ist der Raum?" fragt Lisa.

„Wir müssen suchen," sagt Anna entschlossen.

Sie suchen den Raum im Schloss. „Hier muss es sein," sagt Anna und deutet auf eine Wand.

Sie finden eine geheime Tür. „Ich öffne sie," sagt Max mutig.

Hinter der Tür ist ein alter Keller. „Es ist sehr dunkel," sagt Lisa ängstlich.

„Wir haben Taschenlampen dabei," sagt Anna und schaltet ihre Taschenlampe ein.

Im Keller finden sie eine Truhe. „Vielleicht ist hier der Schatz," sagt Anna aufgeregt.

„Lasst uns die Truhe öffnen," sagt Max.

Sie öffnen die Truhe. Die Truhe ist leer. „Das kann nicht sein," sagt Max überrascht.

„Wo ist der Schatz?" fragt Lisa.

„Vielleicht gibt es noch einen Hinweis," sagt Anna.

„Wir müssen weiter suchen," sagt Max entschlossen.

„Ja, wir dürfen nicht aufgeben," sagt Lisa.

„Lass uns den Keller genauer ansehen," schlägt Anna vor.

„Ja, vielleicht finden wir etwas," stimmt Max zu.

- dabei - with (them)
- deutet - points
- entschlossen - determined
- geheim - secret
- Karte - map
- Keller - basement
- mutig - brave

- Schatz - treasure
- suchen - to search
- Truhe - chest

Die Wahrheit

Plötzlich hören Anna, Lisa und Max Schritte. Der Mann vom Wald ist da. „Ihr habt etwas, das mir gehört," sagt der Mann streng.

„Was wollen Sie?" fragt Anna ängstlich.

„Das Buch und den Schlüssel," sagt der Mann.

„Warum?" fragt Lisa verwirrt.

„Es gehört meiner Familie," erklärt der Mann.

„Das wussten wir nicht," sagt Max entschuldigend.

„Gebt es mir," fordert der Mann.

Sie geben ihm das Buch und den Schlüssel. „Hier, bitte," sagt Anna zögernd.

„Danke," sagt der Mann erleichtert.

Er erklärt ihnen die Geschichte. „Die Katze war mein Haustier," sagt der Mann traurig.

„Jemand hat sie getötet, um mich zu erpressen," fährt er fort.

„Ihr habt mir geholfen, das herauszufinden," sagt der Mann dankbar.

„Das tut uns leid," sagt Lisa.

„Wir wollten nur das Geheimnis lösen," sagt Anna.

„Und das habt ihr," sagt der Mann lächelnd.

„Jetzt ist alles klar," sagt Max.

„Ja, danke für eure Hilfe," sagt der Mann.

„Gern geschehen," sagt Lisa. „Wir sind froh, dass wir helfen konnten."

„Passt gut auf euch auf," sagt der Mann und geht.

Anna, Lisa und Max sehen sich an. „Wir haben es geschafft," sagt Anna.

„Ja, das war ein Abenteuer," sagt Lisa.

„Und jetzt ist alles gut," sagt Max zufrieden.

- Abenteuer - adventure
- aufpassen - to take care
- erleichtert - relieved
- erpressen - to blackmail
- Familie - family
- fordern - to demand
- Geschichte - story
- Haustier - pet
- streng - strict
- zögern - to hesitate

Das Geheimnis des Schlossgeistes

Das alte Schloss

Anna und Max besuchen ein altes Schloss. Das Schloss ist groß und verlassen. „Es sieht gruselig aus," sagt Anna.

„Lass uns hineingehen," sagt Max.

Sie öffnen die schwere Tür. Drinnen ist es dunkel und kalt. „Hörst du das?" fragt Anna.

„Es klingt wie Schritte," sagt Max.

Sie gehen langsam weiter. Plötzlich hören sie ein Geräusch. „Was war das?" fragt Anna ängstlich.

„Ich weiß es nicht," sagt Max.

Sie finden einen alten Raum. Im Raum sind viele alte Möbel. „Hier spukt es," sagt Anna.

- alt - old
- ängstlich - anxious
- drinnen - inside
- gruselig - spooky
- hineingehen - to enter
- kalt - cold
- Möbel - furniture
- schwer - heavy
- Schritte - footsteps
- spuken - to haunt

Die seltsamen Geräusche

Anna und Max hören wieder Schritte. „Da ist jemand," flüstert Anna.

„Vielleicht ein Geist," sagt Max.

Sie verstecken sich hinter einem Schrank. Die Schritte kommen näher. Anna hält den Atem an.

Ein kalter Wind weht durch den Raum. Die Tür schlägt zu. „Wir müssen hier raus," sagt Max.

Sie rennen zur Tür. Die Tür ist verschlossen. „Wir sind gefangen," sagt Anna.

„Keine Panik," sagt Max.

Sie suchen nach einem anderen Ausgang. „Hier ist ein Fenster," sagt Anna.

„Vielleicht können wir durch das Fenster entkommen," sagt Max.

Anna nickt. „Lass uns schnell handeln," sagt sie.

Max versucht, das Fenster zu öffnen. „Es ist schwer," sagt er.

„Ich helfe dir," sagt Anna.

Gemeinsam öffnen sie das Fenster. „Komm, wir müssen schnell raus," sagt Max.

Sie klettern aus dem Fenster. „Wir haben es geschafft," sagt Anna erleichtert.

„Ja, aber wir müssen vorsichtig sein," sagt Max. „Der Geist könnte noch hier sein."

„Lass uns weiter nach Hinweisen suchen," sagt Anna. „Wir dürfen jetzt nicht aufgeben."

Max nickt. „Ja, du hast recht. Lass uns mutig bleiben."

- Atem - breath
- erleichtert - relieved

* flüstern - to whisper
* gefangen - trapped
* Geist - ghost
* handeln - to act
* Hinweise - clues
* mutig - brave
* verschlossen - locked
* wehen - to blow

Der geheime Gang

Anna und Max klettern aus dem Fenster. Sie landen im Garten des Schlosses. „Schau mal, da ist eine Tür," sagt Max.

„Die Tür führt zu einem Keller," bemerkt Anna.

„Sollen wir hineingehen?" fragt Anna zögernd.

„Ja, vielleicht finden wir Antworten," sagt Max entschlossen.

Sie gehen in den Keller. Es ist dunkel und feucht. „Hier ist ein Lichtschalter," sagt Max.

Das Licht flackert und geht an. Sie sehen einen langen Gang. „Was ist das?" fragt Anna erstaunt.

„Ein geheimer Gang," sagt Max.

„Lass uns dem Gang folgen," sagt Anna mutig.

Sie gehen den Gang entlang. „Es ist unheimlich hier," sagt Max.

„Ja, aber wir müssen wissen, wohin er führt," sagt Anna.

Am Ende des Gangs ist eine weitere Tür. „Hier endet der Gang," sagt Max.

„Was denkst du, ist hinter dieser Tür?" fragt Anna.

„Ich weiß es nicht, aber wir werden es herausfinden," sagt Max.

Sie stehen vor der Tür. „Bist du bereit?" fragt Max.

„Ja, lass uns die Tür öffnen," sagt Anna entschlossen.

- entschlossen - determined
- flackern - to flicker
- folgen - to follow
- geheim - secret
- Keller - basement
- Lichtschalter - light switch
- mutig - brave
- Tür - door
- unheimlich - creepy
- zögern - to hesitate

Der unheimliche Raum

Anna und Max öffnen die Tür. Der Raum ist groß und leer. Plötzlich hören sie ein Lachen.

„Wer ist da?" ruft Max laut.

Eine kalte Hand berührt Annas Schulter. Anna schreit auf. „Lauf, Max!" ruft Anna panisch.

Sie rennen durch den Raum. Die Tür schlägt zu. „Wir müssen hier raus," sagt Max atemlos.

Sie finden eine Treppe. „Hier ist eine Treppe!" ruft Max.

Die Treppe führt nach oben. Oben ist eine große Halle. „Das Schloss ist ein Labyrinth," sagt Anna verzweifelt.

„Wir dürfen nicht aufgeben," sagt Max entschlossen.

„Wo sollen wir hin?" fragt Anna.

„Wir müssen einen Ausgang finden," sagt Max.

Sie suchen in der großen Halle. „Alles sieht gleich aus," sagt Anna.

„Bleib ruhig, wir finden den Weg," sagt Max.

Plötzlich hören sie wieder Schritte. „Da ist wieder jemand," flüstert Anna.

„Wir müssen uns verstecken," sagt Max.

Sie verstecken sich hinter einem großen Vorhang. „Was machen wir jetzt?" fragt Anna.

„Wir warten, bis es sicher ist," sagt Max. „Dann suchen wir weiter."

„Okay," flüstert Anna und hält Max' Hand fest.

- atemlos - breathless
- berühren - to touch
- flüstern - to whisper
- groß - large
- Hand - hand
- kalt - cold
- Lachen - laughter
- Raum - room
- Treppe - stairs
- verstecken - to hide

Der Geist erscheint

In der Halle ist es sehr still. Plötzlich erscheint ein Geist. Der Geist schwebt in der Luft.

„Wer seid ihr?" fragt der Geist.

Anna und Max sind starr vor Angst. „Wir sind nur Besucher,“ sagt Max zitternd.

„Warum seid ihr hier?“ fragt der Geist.

„Wir wollten das Schloss erkunden,“ sagt Anna.

Der Geist lacht unheimlich. „Ihr solltet nicht hier sein,“ sagt der Geist.

Anna und Max sehen sich an. „Was wollt ihr?“ fragt Max mutig.

„Verlasst das Schloss,“ sagt der Geist streng.

Die Tür öffnet sich plötzlich. „Schnell, raus hier!“ ruft Anna.

Anna und Max rennen hinaus und entkommen. „Wir haben es geschafft!“ sagt Max erleichtert.

„Ja, das war sehr gruselig,“ sagt Anna.

„Was machen wir jetzt?“ fragt Max.

„Wir erzählen niemandem davon,“ sagt Anna.

„Ja, das ist besser,“ sagt Max. „Aber wir werden das Schloss nie vergessen.“

„Auf keinen Fall,“ sagt Anna und lächelt schwach. „Es war ein echtes Abenteuer.“

„Ja, das war es,“ stimmt Max zu. „Lass uns nach Hause gehen.“

„Ja, nach Hause,“ sagt Anna und nimmt Max' Hand. Sie gehen zusammen nach Hause, froh und erleichtert.

- Angst - fear
- erscheint - appears
- erkunden - to explore
- Geist - ghost

- gruselig - spooky
- Hand - hand
- lächeln - to smile
- still - quiet
- unheimlich - eerie
- zitternd - trembling

Der Spion

Der neue Kollege

Herr Müller arbeitet in einer deutschen Firma. Ein neuer Kollege kommt zur Arbeit. „Guten Morgen, ich bin Herr Li," sagt der neue Kollege.

„Willkommen, Herr Li," sagt Herr Müller freundlich.

Herr Li kommt aus Frankreich. „Ich bin als Flüchtling nach Frankreich gekommen," erzählt Herr Li.

Herr Müller zeigt Herrn Li das Büro. „Hier ist dein Schreibtisch," sagt Herr Müller.

Herr Li ist freundlich und fleißig. Alle Kollegen mögen ihn. „Er ist sehr nett," sagt Frau Schmidt.

Aber Herr Müller ist misstrauisch. „Irgendetwas stimmt nicht," denkt Herr Müller.

Herr Li arbeitet oft allein. Er schreibt viele Notizen. Herr Müller will mehr herausfinden.

„Warum schreibt er so viel?" fragt sich Herr Müller.

Eines Tages sieht Herr Müller, dass Herr Li eine E-Mail schreibt. „Was macht er da?" denkt Herr Müller.

„Ich muss vorsichtig sein," denkt Herr Müller. Er beschließt, Herrn Li zu beobachten.

„Vielleicht finde ich etwas heraus," sagt Herr Müller zu sich selbst.

- allein - alone
- beschließen - to decide
- E-Mail - email

- freundlich - friendly
- fleißig - hardworking
- Kollege - colleague
- misstrauisch - suspicious
- Notizen - notes
- Schreibtisch - desk
- vorsichtig - careful

Der Verdacht

Herr Müller beobachtet Herrn Li. Herr Li telefoniert viel. „Mit wem spricht er?" fragt sich Herr Müller.

Herr Li verlässt oft das Büro. „Wo geht er hin?" denkt Herr Müller.

Herr Müller folgt ihm heimlich. Herr Li geht in ein Internetcafé. Herr Müller sieht, wie Herr Li E-Mails schreibt.

„Was macht er da?" fragt sich Herr Müller.

Plötzlich sieht sich Herr Li um. Herr Müller versteckt sich schnell. „Er hat mich fast gesehen," denkt Herr Müller.

Herr Müller geht zurück ins Büro. „Ich muss vorsichtig sein," denkt er.

Am nächsten Tag beobachtet Herr Müller Herrn Li wieder. „Ich muss herausfinden, was er tut," denkt Herr Müller.

Herr Li telefoniert wieder. „Er spricht wieder lange am Telefon," bemerkt Herr Müller.

Herr Li verlässt erneut das Büro. „Ich werde ihm wieder folgen," entscheidet Herr Müller.

Er folgt Herrn Li ins Internetcafé. Diesmal versteckt sich Herr Müller besser. „Er darf mich nicht sehen," denkt er.

Herr Li schreibt wieder E-Mails. Herr Müller beobachtet ihn
genau. „Ich werde mehr herausfinden," denkt Herr Müller
entschlossen.

- beobachten - to observe
- Büro - office
- entscheiden - to decide
- heimlich - secretly
- Internetcafé - internet cafe
- genau - exactly
- herausfinden - to find out
- folgen - to follow
- verstecken - to hide
- vorsichtig - careful

Die Entdeckung

Herr Müller durchsucht Herrn Lis Schreibtisch. Er findet viele
Notizen. „Was ist das?" fragt sich Herr Müller.

Die Notizen sind in Chinesisch. „Warum schreibt er auf
Chinesisch?" denkt Herr Müller.

Er macht Fotos von den Notizen. Plötzlich kommt Herr Li ins
Büro. Herr Müller versteckt die Notizen schnell.

„Was machst du hier?" fragt Herr Li.

„Nichts, nur aufräumen," sagt Herr Müller nervös.

Herr Li sieht ihn misstrauisch an. „Okay, bis später," sagt Herr Li
und geht.

Herr Müller ist erleichtert. „Ich muss die Notizen übersetzen,"
denkt er.

Er geht nach Hause und benutzt ein Online-Wörterbuch. „Das dauert lange," murmelt Herr Müller.

Stück für Stück übersetzt er die Notizen. „Es geht um unsere Firma," sagt Herr Müller überrascht.

„Er spioniert uns aus," denkt er. „Ich muss etwas tun."

Am nächsten Tag im Büro spricht er mit seinem Kollegen. „Karl, ich habe etwas Wichtiges entdeckt," sagt Herr Müller.

„Was ist los?" fragt Karl neugierig.

„Herr Li ist ein Spion," flüstert Herr Müller.

„Ein Spion? Das ist ernst," sagt Karl.

„Ja, ich habe Beweise," sagt Herr Müller und zeigt die Fotos.

„Wir müssen vorsichtig sein," sagt Karl.

„Ja, aber wir müssen auch handeln," sagt Herr Müller entschlossen.

- aufräumen - to tidy up
- Beweise - evidence
- Büro - office
- entdecken - to discover
- ernst - serious
- geheim - secret
- misstrauisch - suspicious
- Notizen - notes
- übersetzen - to translate
- verstecken - to hide

Der Plan

Herr Müller übersetzt die Notizen. „Er schreibt über unsere Firma," denkt er. „Er spioniert uns aus," sagt Herr Müller besorgt.

Herr Müller trifft seinen Freund Karl. „Karl, ich brauche deine Hilfe," sagt er.

„Was ist los?" fragt Karl neugierig.

„Ich glaube, Herr Li ist ein Spion," erklärt Herr Müller.

„Das ist ernst," sagt Karl überrascht.

„Ja, wir müssen etwas tun," sagt Herr Müller entschlossen.

„Ich habe einen Plan," sagt Karl nachdenklich.

„Was für einen Plan?" fragt Herr Müller gespannt.

„Wir sammeln Beweise," sagt Karl.

„Wie?" fragt Herr Müller verwirrt.

„Wir folgen ihm und machen Fotos," erklärt Karl.

Herr Müller denkt kurz nach. „Ja, das ist eine gute Idee," stimmt er zu.

„Wir müssen vorsichtig sein," warnt Karl.

„Natürlich. Wann sollen wir anfangen?" fragt Herr Müller.

„Am besten heute Abend," sagt Karl.

„Okay, ich bin dabei," sagt Herr Müller.

„Wir treffen uns um 19 Uhr," sagt Karl.

„Einverstanden. Bis später," sagt Herr Müller.

„Bis später," sagt Karl und geht.

Herr Müller fühlt sich erleichtert. „Jetzt haben wir einen Plan,"
denkt er.

* besorgt - worried
* Beweise - evidence
* einverstanden - agreed
* erklären - to explain
* Foto - photo
* Hilfe - help
* nachdenklich - thoughtful
* Plan - plan
* treffen - to meet
* übersetzen - to translate

Die Verfolgung

Herr Müller und Karl folgen Herrn Li. Herr Li geht zu einem
geheimen Treffen. Sie verstecken sich und machen Fotos.

„Wer ist dieser Mann?" fragt Karl leise.

„Keine Ahnung," sagt Herr Müller.

Herr Li gibt dem Mann einen Umschlag. „Das müssen Beweise
sein," sagt Karl.

Sie machen mehr Fotos. Plötzlich sieht Herr Li sie. „Lauf!" ruft
Herr Müller.

Sie rennen weg. Herr Li verfolgt sie. „Er kommt näher," ruft Karl.

„Hier, hinter die Mauer!" sagt Herr Müller.

Sie verstecken sich hinter einer Mauer. Herr Li sucht sie, kann sie
aber nicht finden. Er geht weg.

„Das war knapp," sagt Karl und atmet schwer.

„Ja, aber wir haben genug Beweise," sagt Herr Müller.

„Was machen wir jetzt?" fragt Karl.

„Wir gehen zur Polizei," sagt Herr Müller.

„Gute Idee. Lass uns sofort gehen," sagt Karl.

Sie gehen schnell zur Polizei. „Wir müssen alles erklären," sagt Herr Müller.

„Ja, wir dürfen nichts vergessen," sagt Karl.

„Wir schaffen das," sagt Herr Müller entschlossen.

„Natürlich," stimmt Karl zu.

- Angst - fear
- Beweise - evidence
- erklären - to explain
- Foto - photo
- geheim - secret
- laufen - to run
- Mauer - wall
- treffen - to meet
- Umschlag - envelope
- verstecken - to hide

Der Verrat

Herr Müller und Karl gehen zur Polizei. „Wir haben Beweise," sagt Herr Müller.

„Zeigen Sie uns die Beweise," sagt der Polizist.

Sie zeigen der Polizei die Fotos. „Das ist ernst," sagt der Polizist.

„Ja, Herr Li ist ein Spion," sagt Karl.

Die Polizei untersucht den Fall. Herr Li bemerkt etwas. „Jemand spioniert mich aus,“ denkt er.

Herr Li wird vorsichtig. Er versteckt seine Notizen. „Ich muss aufpassen,“ denkt Herr Li.

Die Polizei überwacht Herrn Li. „Wir beobachten ihn Tag und Nacht,“ sagt der Polizist.

Herr Müller und Karl helfen der Polizei. „Was sollen wir tun?“ fragt Herr Müller.

„Wir müssen ihn überführen,“ sagt der Polizist.

„Wie machen wir das?“ fragt Karl.

„Wir stellen eine Falle,“ erklärt der Polizist.

„Das ist eine gute Idee,“ sagt Herr Müller.

„Wir schaffen das,“ sagt Herr Müller entschlossen.

„Ja, wir haben genug Beweise,“ sagt Karl.

„Die Falle wird gestellt,“ sagt der Polizist.

„Wir warten auf den richtigen Moment,“ sagt Herr Müller.

„Ja, wir müssen geduldig sein,“ sagt Karl.

„Wir sind bereit,“ sagt der Polizist.

„Los geht's,“ sagt Herr Müller.

- aufpassen - to be careful
- beobachten - to observe
- Beweise - evidence
- denken - to think
- Falle - trap
- geduldig - patient

- Notizen - notes
- Polizist - policeman
- Spion - spy
- überwachen - to monitor

Die Falle

Die Polizei plant eine Falle. Herr Müller und Karl helfen mit.
Herr Li trifft sich wieder mit dem Mann. Die Polizei beobachtet
alles.

Herr Müller macht wieder Fotos. „Jetzt haben wir ihn," sagt der
Polizist.

Herr Li gibt dem Mann wieder einen Umschlag. Die Polizei greift
ein. „Halt, Polizei!" ruft der Polizist.

Herr Li versucht zu fliehen. Die Polizei fängt ihn. „Was soll das?"
ruft Herr Li.

„Sie sind verhaftet," sagt der Polizist. Herr Li wird abgeführt.

„Wir haben es geschafft," sagt Herr Müller erleichtert.

„Ja, endlich ist es vorbei," sagt Karl.

„Die Beweise sind klar," sagt der Polizist.

„Was passiert jetzt mit Herrn Li?" fragt Herr Müller.

„Er wird verhört und dann verurteilt," sagt der Polizist.

„Ich bin froh, dass wir helfen konnten," sagt Karl.

„Ja, es war gefährlich, aber es hat sich gelohnt," sagt Herr Müller.

„Sie haben gute Arbeit geleistet," sagt der Polizist.

„Danke, wir wollten nur die Wahrheit finden," sagt Karl.

„Jetzt ist die Firma sicher," sagt Herr Müller.

„Ja, das war wichtig," sagt der Polizist.

„Herr Li wird seine Strafe bekommen," sagt Karl.

„Wir haben es zusammen geschafft," sagt Herr Müller und lächelt.

- abgeführt - taken away
- Beweise - evidence
- gefährlich - dangerous
- helfen - to help
- klar - clear
- Plan - plan
- Strafe - punishment
- treffen - to meet
- verhaftet - arrested
- verhören - to interrogate

Die Wahrheit

Herr Li gesteht alles. „Ich arbeite für den chinesischen Geheimdienst," sagt er.

„Ich habe die Firma ausspioniert," gibt er zu.

Die Polizei findet viele Beweise. Herr Müller und Karl sind erleichtert.

„Wir haben das Richtige getan," sagt Karl.

Die Firma ist gerettet. „Danke für deine Hilfe," sagt Herr Müller.

„Gern geschehen," sagt Karl.

Die Polizei lobt Herrn Müller und Karl. „Gute Arbeit," sagt der Polizist.

Herr Li wird nach China zurückgeschickt. Die Firma erhöht die Sicherheit.

„Jetzt sind wir sicher," sagt Herr Müller.

„Ja, das war wichtig," sagt Karl.

Herr Müller und Karl feiern ihren Erfolg. „Wir sind ein gutes Team," sagt Herr Müller.

„Ja, das sind wir," sagt Karl und lächelt.

„Was machen wir als Nächstes?" fragt Herr Müller.

„Wir bleiben wachsam," sagt Karl.

„Auf jeden Fall," stimmt Herr Müller zu.

„Es war ein großes Abenteuer," sagt Karl.

„Ja, das war es," sagt Herr Müller.

„Ich bin froh, dass wir es geschafft haben," sagt Karl.

„Ich auch," sagt Herr Müller und sie stoßen an.

„Auf unser Team," sagt Karl.

„Auf unser Team," wiederholt Herr Müller und lächelt.

- Abenteuer - adventure
- Beweise - evidence
- erleichtert - relieved
- Firma - company
- Geheimdienst - intelligence service
- loben - to praise
- sicher - safe
- Sicherheit - security
- Team - team

- wachsam - vigilant

Das Geheimnis der bunten Pille

Ein Junge stirbt

Es war ein sonniger Tag. Max, ein 17-jähriger Junge, ging in den Park. Er traf seine Freunde dort.

„Hallo Max!" rief Tom. „Wie geht's?"

„Gut," antwortete Max. „Was machen wir heute?"

Tom zeigte eine bunte Pille. „Probier das mal!"

Max war neugierig. „Was ist das?"

„Eine coole Pille," sagte Tom. „Die macht Spaß."

Max nahm die Pille. Plötzlich fühlte er sich schlecht. „Mir ist schlecht," sagte Max und fiel auf den Boden.

„Hilfe! Hilfe!" schrie Lisa. Seine Freunde riefen den Notarzt.

Der Krankenwagen kam schnell. Die Sanitäter versuchten, Max zu retten. Sie konnten ihn nicht retten.

„Er ist tot," sagte einer der Sanitäter leise. Max war tot. Seine Freunde waren sehr traurig.

„Wie konnte das passieren?" fragte Tom weinend.

Die Polizei kam zum Park. Sie untersuchten den Fall.

„Wer hat ihm die Pille gegeben?" fragte der Polizist.

„Ich habe sie ihm gegeben," sagte Tom leise. „Aber ich wusste nicht, dass sie gefährlich ist."

Die Polizisten nahmen die Pille und schauten sie sich genau an. „Wir müssen herausfinden, woher diese Pille kommt," sagte der Polizist.

Tom und Lisa sahen einander an, unsicher und ängstlich. Was würde als nächstes passieren?

- bunte - colorful
- gefährlich - dangerous
- Krankenwagen - ambulance
- leise - quietly
- Park - park
- Pille - pill
- Polizist - policeman
- Sanitäter - paramedic
- traurig - sad
- untersuchen - to investigate

Die Polizei ermittelt

Kommissar Schmidt war der Ermittler. Er sprach mit Max' Freunden.

„Was ist passiert?" fragte Schmidt.

„Max hat eine bunte Pille genommen," sagte Tom.

„Wo ist die Pille?" fragte Schmidt.

Lisa zeigte auf den Boden. „Da liegt sie."

Die Polizei fand die Pille. Sie brachten sie ins Labor.

„Was ist das?" fragte Schmidt den Wissenschaftler im Labor.

„Das ist eine Droge," sagte der Wissenschaftler. „Sehr gefährlich."

Schmidt ging zurück zu Max' Freunden. „Woher habt ihr die Droge?" fragte er.

„Von einem Mann im Park," sagte Tom.

„Wie sah der Mann aus?" fragte Schmidt.

„Er war groß und hatte eine schwarze Jacke," sagte Lisa.

„Hatte er noch etwas Besonderes?" fragte Schmidt.

„Ja, er hatte einen Akzent," sagte Tom.

Die Polizei suchte nach dem Mann. Sie fanden Hinweise im Park.

Ein Zeuge kam zu Schmidt. „Ich habe den Mann gesehen," sagte der Zeuge.

„Wie sah er aus?" fragte Schmidt.

„Er ist Marokkaner," sagte der Zeuge.

Schmidt nickte. „Wir haben eine Spur," sagte er zu seinen Kollegen.

„Was machen wir jetzt?" fragte ein Polizist.

„Wir suchen den Mann," sagte Schmidt entschlossen.

Die Polizisten begannen ihre Suche. Sie hofften, den Mann bald zu finden.

- Akzent - accent
- bunte - colorful
- Droge - drug
- Ermittler - investigator
- gefährlich - dangerous
- Hinweise - clues
- Labor - laboratory
- Polizist - policeman
- Spur - lead
- Zeuge - witness

Die Verfolgung beginnt

Schmidt und sein Team beobachteten den Park. Sie sahen den Mann mit der schwarzen Jacke.

„Da ist er," flüsterte Schmidt.

„Was machen wir jetzt?" fragte ein Polizist.

„Wir folgen ihm," sagte Schmidt.

Der Mann sprach mit Jugendlichen. „Habt ihr Geld?" fragte er.

„Ja," antworteten die Jugendlichen. „Haben Sie die Pille?"

Der Mann nickte und gab ihnen etwas. Die Polizei folgte ihm heimlich.

„Wohin geht er?" fragte ein Polizist.

„Wir werden es herausfinden," sagte Schmidt.

Der Mann ging in ein Café. Dort traf er andere Männer. Sie sahen gefährlich aus.

„Mach Fotos," sagte Schmidt leise. Schmidt machte Fotos von ihnen.

Die Männer sprachen über Drogen. „Die Pillen sind gut," sagte einer.

Schmidt hörte alles mit. „Wir brauchen mehr Beweise," sagte er zu seinem Team.

„Was schlagen Sie vor?" fragte ein Polizist.

„Wir planen eine Razzia," sagte Schmidt. Die Polizei plante eine Razzia.

„Wann machen wir es?" fragte ein Polizist.

„Wir warten auf den richtigen Moment," sagte Schmidt. Sie warteten vor dem Café.

Der Mann verließ das Café. Die Polizei folgte ihm weiter.

„Jetzt!" sagte Schmidt. „Wir folgen ihm und sehen, wohin er geht."

- beobachten - to observe
- Drogen - drugs
- folgen - to follow
- flüstern - to whisper
- Geld - money
- gefährlich - dangerous
- heimlich - secretly
- Jugendlicher - teenager
- Razzia - raid
- Team - team

Die Razzia

Schmidt und sein Team bereiteten sich vor. Sie hatten Handschellen und Waffen.

„Seid ihr bereit?" fragte Schmidt.

„Ja, wir sind bereit," antworteten die Polizisten.

Sie warteten vor dem Café. Der Mann kam zurück. Er hatte eine Tasche dabei.

„Das ist unser Moment," sagte Schmidt. Die Polizei stürmte das Café.

Die Männer waren überrascht. „Was ist hier los?" rief einer.

Schmidt rief: „Hände hoch!"

Die Männer gehorchten. „Wir haben nichts gemacht!" sagte einer der Männer.

„Schweigen Sie!" sagte ein Polizist.

Die Polizei durchsuchte das Café. „Hier sind viele Drogen," sagte ein Polizist.

„Gute Arbeit," sagte Schmidt. Die Männer wurden verhaftet.

„Ihr seid verhaftet!" sagte Schmidt. Die Männer schwiegen.

„Warum habt ihr das getan?" fragte ein Polizist.

„Keine Antwort?" fragte Schmidt. Die Männer blieben still.

Schmidt war zufrieden. „Wir haben sie," sagte er zu seinem Team.

„Was machen wir jetzt?" fragte ein Polizist.

„Wir bringen sie ins Gefängnis," sagte Schmidt.

„Gut gemacht, Leute," sagte Schmidt. „Wir haben einen großen Schritt gemacht."

- bereit - ready
- durchsuchen - to search
- Gefängnis - prison
- gehorchen - to obey
- Handschellen - handcuffs
- Polizist - policeman
- schweigen - to remain silent
- stürmen - to storm
- Tasche - bag
- verhaften - to arrest

Die Vernehmung

Die Männer waren im Polizeirevier. Schmidt verhörte den Mann mit der schwarzen Jacke.

„Wie heißt du?" fragte Schmidt.

Der Mann antwortete: „Ich bin Ali."

Schmidt fragte weiter: „Woher hast du die Drogen?"

Ali schwieg.

Schmidt zeigte ihm die Beweise. „Hier sind die Drogen," sagte er.

Ali sagte: „Ich sage nichts ohne meinen Anwalt."

Der Anwalt kam. „Hallo Ali, ich bin dein Anwalt," sagte er.

Er sprach mit Ali. „Was soll ich tun?" fragte Ali.

Ali war nervös. Der Anwalt sagte: „Sag die Wahrheit."

Ali seufzte. „Ich bin ein Dealer," gab er zu.

Schmidt nickte. „Für wen arbeitest du?" fragte er.

Ali sagte: „Ich arbeite für eine Gang."

„Wer ist der Anführer?" fragte Schmidt.

Ali schwieg wieder.

„Sag es uns, Ali," drängte der Anwalt.

„Karim ist der Anführer," sagte Ali leise.

Schmidt hatte endlich eine Spur. „Gut, wir finden Karim," sagte
er.

„Was passiert jetzt mit mir?" fragte Ali.

„Das entscheiden wir später," sagte Schmidt. „Zuerst müssen wir
Karim finden."

Ali schaute zu Boden. „Okay," sagte er leise.

- Anwalt - lawyer

- Beweise - evidence
- Dealer - dealer
- entscheiden - to decide
- Gang - gang
- nervös - nervous
- Polizeirevier - police station
- Spur - lead
- verhören - to interrogate
- Wahrheit - truth

Die marokkanische Gang

Ali erzählte von der Gang. „Die Gang ist groß und gefährlich," sagte er.

Schmidt fragte: „Wie viele Leute sind in der Gang?"

„Viele," antwortete Ali. „Sie verkaufen viele Drogen."

„Wer ist der Anführer?" fragte Schmidt.

„Karim," sagte Ali. „Er ist sehr schlau."

„Wo wohnt Karim?" fragte Schmidt.

„In einem großen Haus," sagte Ali.

Schmidt und sein Team planten eine neue Razzia. „Wir müssen vorsichtig sein," sagte Schmidt.

„Ja, das ist sehr wichtig," stimmte ein Polizist zu.

Sie bereiteten sich gut vor. „Wir brauchen einen guten Plan," sagte Schmidt.

„Was ist der Plan?" fragte ein Polizist.

„Wir wissen, wo Karim ist," sagte Schmidt. „Wir fahren zu seinem Haus."

Die Polizei fuhr zu seinem Haus. „Hier ist es," sagte Schmidt.

Sie versteckten sich vor dem Haus. „Bleibt leise," flüsterte Schmidt.

Karim kam nach Hause. „Da ist er," sagte ein Polizist leise.

Die Polizei wartete auf den richtigen Moment. „Noch nicht," sagte Schmidt. „Wir warten."

„Was machen wir jetzt?" fragte ein Polizist.

„Wir beobachten und warten," sagte Schmidt. „Wir müssen den perfekten Moment finden."

Die Polizisten blieben ruhig. Sie wussten, dass es gefährlich war.

„Seid bereit," flüsterte Schmidt. „Bald ist es soweit."

Die Spannung stieg. Die Polizei war bereit für den entscheidenden Moment.

- Anführer - leader
- bereit - ready
- entscheidend - decisive
- flüstern - to whisper
- gefährlich - dangerous
- groß - large
- Haus - house
- leise - quiet
- planen - to plan
- Spannung - tension

Die Falle

Karim ging ins Haus. Die Polizei beobachtete ihn.

„Da ist er," flüsterte Schmidt. „Seid bereit."

Sie sahen viele Männer im Haus. „Sie haben Waffen," sagte ein Polizist.

Schmidt sagte: „Wir müssen schnell handeln."

Die Polizei stürmte das Haus. „Hände hoch!" rief Schmidt.

Es gab einen Kampf. Karim und seine Männer wehrten sich.

„Passt auf!" rief ein Polizist. Es gab viele Schüsse.

Schmidt und sein Team waren tapfer. „Nicht aufgeben!" rief Schmidt.

Sie nahmen Karim und seine Männer fest. „Ihr seid verhaftet!" sagte Schmidt.

Karim rief: „Das ist nicht das Ende!"

Die Polizei fand mehr Drogen im Haus. „Hier sind viele Drogen," sagte ein Polizist.

Schmidt nickte. „Wir haben sie endlich," sagte er.

„Was machen wir jetzt?" fragte ein Polizist.

„Wir bringen sie ins Gefängnis," sagte Schmidt.

„Gute Arbeit, Team," sagte Schmidt. Die Polizei war erfolgreich.

„Das war knapp," sagte ein Polizist.

„Ja, aber wir haben es geschafft," sagte Schmidt.

Die Polizisten atmeten erleichtert auf. Sie hatten Karim und seine Gang gefasst.

- beobachten - to observe
- Drogen - drugs
- erleichtert - relieved
- festnehmen - to arrest

- flüstern - to whisper
- Gefängnis - prison
- Kampf - fight
- stürmen - to storm
- tapfer - brave
- Waffen - weapons

Das Ende

Karim und seine Männer waren im Gefängnis. Schmidt und sein Team feierten.

„Gut gemacht, Team," sagte Schmidt.

„Ja, wir haben es geschafft," antwortete ein Polizist. Sie waren glücklich.

Max' Freunde waren traurig, aber dankbar. „Danke, dass ihr uns geholfen habt," sagte Tom zur Polizei.

„Es war unsere Pflicht," sagte Schmidt. Sie dankten der Polizei.

Max' Familie bekam Gerechtigkeit. „Wir sind sehr dankbar," sagte Max' Mutter.

„Wir wünschen Ihnen alles Gute," sagte Schmidt.

Die Stadt war sicherer. Die Menschen fühlten sich besser. „Danke, Polizei!" rief ein Mann auf der Straße.

Die Polizei blieb wachsam. „Wir dürfen nicht nachlassen," sagte Schmidt.

„Ja, wir müssen alle Drogen stoppen," stimmte ein Polizist zu.

Schmidt sagte: „Unsere Arbeit ist nie zu Ende."

Die Stadt war stolz auf die Polizei. „Unsere Helden," sagte der Bürgermeister.

Karim und seine Gang wurden verurteilt. Sie mussten lange ins Gefängnis.

„Gerechtigkeit siegt," sagte Schmidt.

„Das Abenteuer ist zu Ende," sagte ein Polizist.

„Für jetzt," sagte Schmidt mit einem Lächeln. „Aber wir sind immer bereit."

- Abenteuer - adventure
- dankbar - thankful
- feiern - to celebrate
- Gefängnis - prison
- Gerechtigkeit - justice
- glücklich - happy
- Helden - heroes
- stolz - proud
- verurteilen - to convict
- wachsam - vigilant

Gefahr im Haus

Der Verdacht

Peter war ein Mann. Er hatte eine Frau namens Anna. Eines Tages fühlte Peter sich krank.

„Mir ist schlecht," sagte Peter zu Anna.

Anna fragte: „Soll ich den Arzt rufen?"

Peter dachte, Anna will ihn vergiften. Er war sehr ängstlich. Er rief einen Detektiv an. Der Detektiv hieß Herr Müller.

Peter sagte: „Ich brauche Hilfe."

Herr Müller fragte: „Was ist passiert?"

Peter antwortete: „Meine Frau will mich vergiften."

Herr Müller sagte: „Ich werde Ihnen helfen."

Sie trafen sich im Café. Peter erzählte seine Geschichte.

„Anna kocht immer für mich," sagte Peter. „Ich fühle mich nach dem Essen schlecht."

Herr Müller hörte aufmerksam zu.

„Wir fangen sofort an," sagte Herr Müller. „Ich beobachte Anna."

Peter nickte. Er war froh, dass er Hilfe hatte.

„Was soll ich jetzt tun?" fragte Peter.

„Bleiben Sie ruhig," sagte Herr Müller. „Ich kümmere mich darum."

- Arzt - doctor
- aufmerksam - attentive
- beobachte - observe

- Detektiv - detective
- froh - happy
- gefährlich - dangerous
- helfen - to help
- kümmere - take care
- vergiften - to poison
- Verdacht - suspicion

Die ersten Ermittlungen

Herr Müller beobachtete Anna. Sie ging zum Supermarkt.

„Ich folge ihr," dachte Herr Müller.

Anna kaufte Gemüse und Fleisch. Herr Müller folgte ihr heimlich.

„Was kauft sie noch?" fragte er sich.

Anna ging nach Hause. Herr Müller machte Notizen.

Peter war zu Hause und nervös. Herr Müller kam zu ihm.

Herr Müller fragte: „Wie geht es Ihnen?"

Peter sagte: „Ich fühle mich immer noch schlecht."

Herr Müller sagte: „Ich bleibe hier."

Anna kochte das Abendessen. Herr Müller schaute genau hin.

„Was benutzt sie?" dachte Herr Müller.

Es gab keine seltsamen Zutaten. Anna rief: „Essen ist fertig!"

Peter war misstrauisch. „Soll ich essen?" dachte er.

„Ich beobachte alles," flüsterte Herr Müller.

Peter setzte sich an den Tisch. Er sah Anna an.

„Ist alles in Ordnung?" fragte Anna.

„Ja," sagte Peter und nahm einen Bissen.

- Abendessen - dinner
- Bissen - bite
- beobachten - to observe
- flüstern - to whisper
- Gemüse - vegetables
- heimlich - secretly
- misstrauisch - suspicious
- Notizen - notes
- Supermarkt - supermarket
- Zutaten - ingredients

Der Verdacht wächst

Peter weigerte sich zu essen. Anna fragte: „Warum isst du nicht?"

Peter sagte: „Ich habe keinen Hunger."

Anna sah traurig aus. „Warum nicht?" fragte sie.

Herr Müller beobachtete die Szene. Er sagte zu Peter: „Wir müssen vorsichtig sein."

Peter stimmte zu. „Ja, du hast recht," sagte er.

Am nächsten Tag ging Anna zur Arbeit. Herr Müller durchsuchte die Küche.

Er fand ein seltsames Pulver. „Was ist das?" fragte Peter.

Herr Müller sagte: „Das müssen wir testen."

Sie brachten das Pulver ins Labor. Das Labor sagte: „Wir brauchen Zeit."

Peter war noch nervöser. „Wie lange dauert es?" fragte er.

„Ein paar Tage," sagte Herr Müller.

Peter seufzte. „Ich kann nicht mehr warten," sagte er.

Herr Müller legte eine Hand auf Peters Schulter. „Wir finden die Wahrheit," sagte er.

Peter nickte. „Danke, Herr Müller," sagte er leise.

Herr Müller sagte: „Bleiben Sie stark, Peter."

„Ich versuche es," sagte Peter. Er fühlte sich immer noch unsicher.

- beobachten - to observe
- durchsuchte - searched
- essen - to eat
- finden - to find
- fühlen - to feel
- Küche - kitchen
- Pulver - powder
- stimmte - agreed
- traurig - sad
- unsicher - insecure

Die Falle

Herr Müller hatte einen Plan. Er sagte zu Peter: „Wir stellen eine Falle."

Peter fragte: „Wie?"

Herr Müller erklärte den Plan. „Du tust so, als würdest du das Pulver nehmen," sagte er.

Peter nickte. „Verstanden," sagte er.

Peter tat so, als würde er das Pulver nehmen. Er tat es heimlich weg.

Anna sah nichts. Peter fühlte sich mutig.

Am Abend fragte Anna: „Wie geht es dir?"

Peter sagte: „Es geht mir besser."

Anna lächelte. „Das freut mich," sagte sie.

Herr Müller war versteckt im Haus. Er beobachtete alles.

Anna machte Tee. „Willst du Tee, Peter?" fragte sie.

Peter nickte, aber er trank den Tee nicht. „Ich warte noch," dachte er.

Herr Müller beobachtete genau. „Trink nicht," flüsterte er zu sich selbst.

Peter hielt die Tasse in der Hand. „Danke, Anna," sagte er. Aber er nahm keinen Schluck.

Anna sah zufrieden aus. Peter fühlte sich unsicher. „Was plant sie?" fragte er sich.

Herr Müller wartete auf den richtigen Moment. „Bald wissen wir mehr," dachte er.

- beobachtete - observed
- besser - better
- denken - to think
- erklären - to explain
- flüstern - to whisper
- fragen - to ask
- heimlich - secretly
- Plan - plan
- Tasse - cup

- verstanden - understood

Der Test

Das Labor rief an. Sie sagten: „Das Pulver ist Zucker."

Peter war verwirrt. „Warum Zucker?" fragte er.

Herr Müller dachte nach. „Vielleicht ein Trick," sagte er.

Anna kam nach Hause. „Was ist los?" fragte sie.

Peter sagte: „Nichts."

Herr Müller fragte Anna: „Haben Sie Zucker benutzt?"

Anna sagte: „Ja, für den Kuchen."

Peter war überrascht. „Für den Kuchen?" fragte er.

Herr Müller sagte: „Das ist seltsam."

Anna machte Abendessen. „Das Essen ist fertig," rief sie.

Peter aß nichts. „Ich habe keinen Hunger," sagte er.

Anna sah besorgt aus. „Geht es dir nicht gut?" fragte sie.

Peter nickte. „Mir ist immer noch schlecht," sagte er.

Herr Müller beobachtete alles. „Etwas stimmt hier nicht," dachte er.

Peter fühlte sich unwohl. „Was soll ich tun?" fragte er Herr Müller leise.

Herr Müller sagte: „Wir müssen weiter suchen."

Peter seufzte. „Ich hoffe, wir finden die Wahrheit bald," sagte er.

Herr Müller nickte. „Das werden wir," sagte er entschlossen.

- Abendessen - dinner
- besorgt - worried
- beobachten - to observe
- denken - to think
- entspannt - relaxed
- Kuchen - cake
- seltsam - strange
- suchen - to search
- Trick - trick
- Zucker - sugar

Die Wahrheit

Herr Müller beobachtete Anna weiter. Er fand keine Beweise.

Peter war verzweifelt. „Was machen wir jetzt?" fragte Peter.

Herr Müller sagte: „Wir suchen weiter."

Sie schauten in Annas Tasche. Sie fanden ein Fläschchen.

„Was ist das?" fragte Peter.

Herr Müller roch daran. „Das ist Medizin," sagte er.

Peter war verwirrt. „Medizin? Für wen?" fragte er.

Anna kam ins Zimmer. „Was macht ihr da?" fragte sie.

Peter sagte: „Wir suchen Antworten."

Anna war wütend. „Warum durchsucht ihr meine Sachen?" rief sie.

Herr Müller sagte: „Wir müssen die Wahrheit wissen."

Anna sah Peter an. „Du hast mir nicht vertraut?" fragte sie.

Peter schaute auf den Boden. „Ich hatte Angst," sagte er leise.

Anna hielt das Fläschchen hoch. „Das ist deine Medizin, Peter,"
sagte sie.

Peter war überrascht. „Meine Medizin?" fragte er.

Anna nickte. „Ja, der Arzt hat sie verschrieben," sagte sie.

Herr Müller sah Peter an. „Es tut mir leid, Anna," sagte Peter.

Anna seufzte. „Ich wollte dir nur helfen," sagte sie traurig.

Peter sagte: „Ich weiß. Es tut mir leid."

- Angst - fear
- beobachten - to observe
- Beweise - evidence
- durchsuchen - to search
- Fläschchen - small bottle
- Medizin - medicine
- verschreiben - to prescribe
- vertrauen - to trust
- weiter - further
- wütend - angry

Die Konfrontation

Peter fragte: „Warum hast du Medizin?"

Anna sagte: „Es ist für dich."

Peter war überrascht. „Für mich?" fragte er.

Anna sagte: „Ja, der Arzt hat es verschrieben."

Herr Müller fragte: „Welcher Arzt?"

Anna gab den Namen des Arztes. Herr Müller rief den Arzt an.

Der Arzt bestätigte die Geschichte. „Ja, die Medizin ist für Peter,” sagte der Arzt.

Peter fühlte sich schuldig. „Es tut mir leid,” sagte er zu Anna.

Anna war traurig. „Warum hast du mir nicht vertraut?” fragte sie.

Peter sagte: „Ich hatte Angst.”

Anna seufzte. „Ich wollte dir nur helfen,” sagte sie.

Peter nickte. „Ich weiß, es tut mir leid,” sagte er.

Herr Müller sagte: „Die Wahrheit ist wichtig.”

Peter sah Anna an. „Ich werde dir vertrauen,” sagte er.

Anna lächelte schwach. „Danke, Peter,” sagte sie.

Herr Müller sagte: „Meine Arbeit hier ist getan.”

Peter und Anna nickten. „Danke, Herr Müller,” sagten sie.

Herr Müller lächelte. „Gern geschehen,” sagte er.

- ängstlich - afraid
- Arzt - doctor
- bestätigen - to confirm
- fühlen - to feel
- lächeln - to smile
- Medizin - medicine
- schwach - weak
- seufzen - to sigh
- verschreiben - to prescribe
- vertrauen - to trust

Das Missverständnis

Peter und Anna sprachen lange. Sie klärten das Missverständnis.

Peter sagte: „Ich hatte Angst.”

Anna sagte: „Ich wollte dir nur helfen.”

Herr Müller sagte: „Vertrauen ist wichtig.”

Peter nickte. „Ja, es tut mir leid,” sagte er.

Anna sagte: „Alles ist gut.”

Peter und Anna umarmten sich. „Ich bin froh, dass wir reden konnten,” sagte Peter.

Herr Müller sagte: „Meine Arbeit ist getan.”

Peter dankte Herr Müller. „Vielen Dank,” sagte er.

Herr Müller lächelte. „Gern geschehen,” sagte er.

Peter und Anna waren glücklich. „Wir werden besser miteinander sprechen,” sagte Anna.

„Ja, das werden wir,” sagte Peter.

Herr Müller verabschiedete sich. „Viel Glück euch beiden,” sagte er.

Peter und Anna winkten ihm zu. Das Abenteuer war zu Ende.

- Abenteuer - adventure
- danken - to thank
- erklären - to explain
- glücklich - happy
- helfen - to help
- klären - to clarify
- lächeln - to smile

- Missverständnis - misunderstanding
- umarmen - to hug
- Vertrauen - trust

Der rätselhafte Fall des verschwundenen Löwen

Das verschwundene Löwe

Es war ein ruhiger Morgen im Zirkus. Die Sonne schien hell am Himmel. Die Zirkusleute bereiteten sich vor.

Der Zirkusdirektor hieß Herr Müller. Herr Müller hatte einen Löwen namens Leo. Leo war der Star der Show.

Plötzlich war Leo weg. Herr Müller war sehr besorgt. Er rief alle Mitarbeiter zusammen.

„Leo ist verschwunden!" sagte Herr Müller.

„Was? Das kann nicht sein!" rief Frau Meier, die Pflegerin.

„Ich habe ihn noch heute Morgen gesehen," sagte der Clown.

„Wir müssen ihn finden," sagte Herr Müller.

Die Mitarbeiter suchten überall. Sie suchten im Käfig.

„Der Käfig ist leer," sagte Herr Schmidt, der Polizist.

„Vielleicht ist er im Zelt," sagte der Dompteur, Herr Weber.

„Nein, ich habe dort schon gesucht," sagte Frau Meier.

Herr Müller war sehr besorgt. „Wo kann Leo sein?" fragte er.

„Wir müssen die Polizei rufen," sagte Frau Meier.

Herr Müller rief die Polizei. Die Polizei kam schnell. Der Polizist hieß Herr Schmidt.

„Ich werde Ihnen helfen, Leo zu finden," sagte Herr Schmidt.

- besorgt - worried
- Dompteur - tamer

- Käfig - cage
- Leo - Leo (lion's name)
- Löwe - lion
- Polizist - policeman
- Pflegerin - caretaker
- rufen - to call
- suchen - to search
- Zirkus - circus

Die Suche beginnt

Herr Schmidt fragte nach Hinweisen. „Wer hat Leo zuletzt gesehen?" fragte er.

Die Mitarbeiter erzählten alles. Frau Meier, die Pflegerin, war traurig. „Ich habe Leo zuletzt gestern Abend gesehen," sagte sie.

„Was haben Sie gemacht?" fragte Herr Schmidt.

„Ich habe ihn gefüttert und den Käfig zugemacht," antwortete Frau Meier.

Herr Schmidt notierte alles. „Wir müssen Leos Käfig untersuchen," sagte er.

Sie suchten Leos Käfig. Es gab keine Spuren. Herr Schmidt sah sich um.

„Alles sieht normal aus," sagte er. „Wir müssen weiter suchen."

Sie suchten den ganzen Zirkus. Der Clown sah besorgt aus.

„Was ist los?" fragte Herr Schmidt.

„Ich habe etwas gehört," sagte der Clown.

„Was haben Sie gehört?" fragte Herr Schmidt.

„Ein lautes Geräusch," sagte der Clown. „Es war spät in der Nacht."

„Können Sie die Stelle zeigen?" fragte Herr Schmidt.

Alle gingen zu der Stelle. Sie fanden nichts.

„Das ist seltsam," sagte Herr Schmidt. „Wir müssen weiter suchen."

- besorgt - worried
- Clown - clown
- füttern - to feed
- Geräusch - noise
- Hinweis - clue
- Käfig - cage
- Pflegerin - caretaker
- suchen - to search
- traurig - sad
- untersuchen - to investigate

Ein verdächtiger Hinweis

Herr Schmidt ging durch das Zirkuszelt. Plötzlich sah er etwas auf dem Boden. Es war eine große, bunte Feder.

„Das ist seltsam," sagte er zu sich selbst und hob die Feder auf.

Frau Meier, die Pflegerin, kam vorbei. „Frau Meier," rief Herr Schmidt. „Kommen Sie mal her!"

Frau Meier lief zu ihm. „Was haben Sie gefunden?" fragte sie.

Herr Schmidt zeigte ihr die Feder. „Kennen Sie diese Feder?" fragte er.

Frau Meier nickte. „Ja, diese Feder gehört zu den Vögeln. Die Vögel sind auch im Zirkus."

Herr Schmidt dachte nach. „Wo sind die Vögel?" fragte er.

„Kommen Sie mit," sagte Frau Meier. Sie gingen zu den Vögeln. Der Vogeltrainer, Herr Schwarz, war da. Er sah sehr nervös aus.

„Guten Tag, Herr Schwarz," sagte Herr Schmidt. „Ich habe Fragen."

Herr Schwarz nickte nervös. „Ja, natürlich," sagte er.

„Haben Sie etwas Ungewöhnliches gesehen?" fragte Herr Schmidt.

Herr Schwarz schüttelte den Kopf. „Nein, ich habe nichts gesehen," sagte er schnell.

Herr Schmidt glaubte ihm nicht. „Warum sind Sie so nervös?" fragte er.

„Ich mache mir Sorgen um meine Vögel," sagte Herr Schwarz. „Ich würde nie etwas tun."

Herr Schmidt schaute sich die Vögel an. Die Vögel waren alle da und waren laut und fröhlich.

„Leo ist immer noch weg," sagte Herr Schmidt. „Wir müssen weiter suchen."

„Ja, wir müssen Leo finden," sagte Frau Meier. Herr Schmidt und Frau Meier gingen weiter, um nach weiteren Hinweisen zu suchen.

- bunte - colorful
- Feder - feather
- fröhlich - cheerful
- hinweisen - clues
- nervös - nervous
- suchen - to search
- ungewöhnlich - unusual
- Vögel - birds

- Vogeltrainer - bird trainer
- Zelt - tent

Der geheimnisvolle Fremde

Ein Mann kam in den Zirkus. Er trug einen langen Mantel. Herr Schmidt fand ihn verdächtig.

„Guten Tag," sagte Herr Schmidt. „Wer sind Sie?"

„Ich bin ein Tourist," sagte der Mann. „Ich wollte die Show sehen."

„Wie heißen Sie?" fragte Herr Schmidt.

„Ich heiße Herr Braun," antwortete der Mann.

Herr Braun hatte ein Foto von Leo. Herr Schmidt sah es und fragte: „Woher haben Sie das Foto?"

„Es ist ein Geschenk," sagte Herr Braun.

Herr Schmidt glaubte ihm nicht. „Wer hat Ihnen das geschenkt?" fragte er.

Herr Braun wurde nervös. „Ein Freund," sagte er leise.

„Welcher Freund?" fragte Herr Schmidt.

Herr Braun antwortete nicht. Er versuchte zu gehen.

„Halt!" sagte Herr Schmidt und hielt ihn auf. „Kommen Sie mit zur Wache."

„Warum?" fragte Herr Braun.

„Wir müssen reden," sagte Herr Schmidt.

Herr Schmidt brachte Herrn Braun zur Wache. Sie setzten sich hin.

„Warum haben Sie das Foto von Leo?" fragte Herr Schmidt.

„Ich sammle Löwenfotos," sagte Herr Braun. „Ich liebe Löwen."

Herr Schmidt schaute ihn an. „Ich glaube Ihnen nicht," sagte er. „Wir müssen das untersuchen."

Herr Braun sah sehr nervös aus. „Ich habe nichts getan," sagte er.

„Wir werden sehen," sagte Herr Schmidt.

- Foto - photo
- glauben - to believe
- Löwe - lion
- Mantel - coat
- nervös - nervous
- sammeln - to collect
- Tourist - tourist
- verdächtig - suspicious
- untersuchen - to investigate
- Wache - station

Die Befragung

Herr Braun wurde verhört. Herr Schmidt stellte viele Fragen.

„Wo waren Sie gestern Nacht?" fragte Herr Schmidt.

Herr Braun war schweigsam. „Ich war in meinem Hotelzimmer," sagte er leise.

„Haben Sie Leo gesehen?" fragte Herr Schmidt.

„Nein, ich bin unschuldig," sagte Herr Braun.

Herr Schmidt zeigte das Foto. „Woher haben Sie das wirklich?" fragte er.

Herr Braun sagte nichts. Er schaute auf den Boden.

Die Polizei fand mehr Fotos. Alle Fotos zeigten Leo. Herr Schmidt legte die Fotos auf den Tisch.

„Warum haben Sie so viele Fotos von Leo?" fragte Herr Schmidt.

Herr Braun wurde nervöser. „Ich liebe Löwen," sagte er. „Ich sammle ihre Fotos."

„Ich habe Leo nicht genommen," sagte er noch einmal.

Herr Schmidt glaubte ihm nicht. „Wir werden das herausfinden," sagte er.

Die Polizei suchte Herrn Brauns Hotelzimmer. Es gab keine weiteren Hinweise.

„Warum haben Sie nichts gesagt?" fragte Herr Schmidt.

„Ich hatte Angst," sagte Herr Braun.

Herr Schmidt dachte nach. „Wir müssen weiter suchen," sagte er.

Herr Braun nickte. „Ich verstehe," sagte er leise.

- Boden - ground/floor
- finden - to find
- glauben - to believe
- Hotelzimmer - hotel room
- lieben - to love
- Löwen - lions
- schweigsam - silent
- suchen - to search
- unschuldig - innocent
- verhören - to interrogate

Ein neuer Verdacht

Die Polizei suchte weiter. Herr Schmidt sprach mit dem Dompteur. Der Dompteur hieß Herr Weber.

„Guten Tag, Herr Weber," sagte Herr Schmidt. „Kann ich Ihnen Fragen stellen?"

„Ja, natürlich," sagte Herr Weber ruhig.

„Wo waren Sie gestern Nacht?" fragte Herr Schmidt.

„Ich war hier im Zirkus," antwortete Herr Weber.

„Was haben Sie gemacht?" fragte Herr Schmidt.

„Ich habe mich um die Tiere gekümmert," sagte Herr Weber. „Ich liebe Leo."

Herr Schmidt fand das seltsam. „Warum haben Sie so viele Fotos von Leo?" fragte er.

„Leo ist mein Lieblingslöwe," sagte Herr Weber. „Ich bin oft allein mit ihm."

„Haben Sie ein Alibi?" fragte Herr Schmidt.

„Ja, ich war die ganze Nacht hier," sagte Herr Weber.

„Kann das jemand bestätigen?" fragte Herr Schmidt.

„Ja, Frau Meier kann das bestätigen," sagte Herr Weber.

Herr Schmidt sprach mit Frau Meier. „War Herr Weber die ganze Nacht hier?" fragte er.

„Ja, ich habe ihn gesehen," sagte Frau Meier.

Herr Schmidt suchte nach Spuren. Es gab keine neuen Hinweise.

„Herr Weber ist immer noch verdächtig," sagte Herr Schmidt zu sich selbst. „Wir müssen weiter suchen."

Die Suche ging weiter.

- Alibi - alibi
- bestätigen - to confirm
- Dompteur - tamer
- Fragen stellen - to ask questions
- Hinweise - clues
- lieben - to love
- Löwe - lion
- Spuren - traces
- verdächtig - suspicious
- Zirkus - circus

Die heiße Spur

Herr Schmidt fand eine neue Spur. Es gab große Fußabdrücke. Die Abdrücke waren im Sand.

„Schaut mal hier," sagte Herr Schmidt. „Das könnten Leos Spuren sein."

„Wo führen sie hin?" fragte Frau Meier.

„Sie führen in den Wald," antwortete Herr Schmidt.

Herr Schmidt folgte den Spuren. Es wurde dunkel.

„Hören Sie das?" fragte Herr Schmidt.

„Ja, was ist das?" fragte Frau Meier.

Es war ein leises Brüllen. Herr Schmidt ging weiter. Er sah einen Schatten.

„Da ist etwas!" rief Herr Schmidt.

„Ist es Leo?" fragte Frau Meier.

Es war Leo! Leo war in einem Käfig. Der Käfig war versteckt hinter Bäumen.

„Wir müssen Leo befreien," sagte Herr Schmidt.

Herr Schmidt öffnete den Käfig. Leo war sicher.

„Gut gemacht, Herr Schmidt!" sagte Frau Meier. „Leo ist wieder da."

„Jetzt müssen wir herausfinden, wer Leo hier versteckt hat," sagte Herr Schmidt.

- Abdrücke - footprints
- befreien - to free
- Bäume - trees
- Brüllen - roaring
- dunkel - dark
- Fußabdrücke - footprints
- Käfig - cage
- Sand - sand
- Schatten - shadow
- Spur - clue

Der große Showdown

Herr Schmidt brachte Leo zurück. Der Zirkus war glücklich.

„Leo ist wieder da!" rief Herr Müller. Er umarmte Leo.

Die Polizei kam schnell. „Wir müssen den Entführer finden," sagte Herr Schmidt.

„Haben Sie einen Verdacht?" fragte Frau Meier.

„Ja," sagte Herr Schmidt. „Ich glaube, es war der Clown."

„Der Clown?" fragte Herr Müller. „Warum?"

„Er war eifersüchtig," sagte Herr Schmidt. „Er wollte der Star sein."

Herr Schmidt ging zum Clown. „Warum hast du das getan?"
fragte er.

Der Clown sah traurig aus. „Ich wollte der Star sein," sagte er
leise.

„Hast du Leo entführt?" fragte Herr Schmidt.

Der Clown nickte. „Ja, ich habe es getan," gestand er.

Die Polizei nahm den Clown fest. Der Zirkus feierte.

„Leo ist wieder der Star," sagte Herr Müller glücklich. Alle
lachten und freuten sich.

* eifersüchtig - jealous
* entführen - to kidnap
* festnehmen - to arrest
* froh - happy
* glauben - to believe
* glücklich - happy
* Verdacht - suspicion
* umarmen - to hug
* zurückbringen - to bring back
* Zirkus - circus

Der rätselhafte Fall der gestohlenen Würstchen

Die verschwundenen Würstchen

Pierre hatte eine Grillparty im Garten. Er legte Würstchen auf den Tisch. Alle Freunde waren da. Plötzlich waren die Würstchen weg. Pierre war sehr überrascht.

„Wo sind meine Würstchen?" rief Pierre.

Alle suchten die Würstchen. Sie konnten sie nicht finden. Pierre rief die Polizei. Der Polizist hieß Herr Müller.

„Guten Tag, ich bin Herr Müller," sagte der Polizist. „Was ist passiert?"

„Meine Würstchen sind weg!" sagte Pierre. „Sie waren auf dem Tisch."

Herr Müller schaute sich um. „Wer hat etwas gesehen?" fragte er.

„Ich habe nichts gesehen," sagte Anna.

„Ich habe nur gegessen," sagte Max.

Herr Müller sah sich den Tisch an. „Es gibt keine Spuren," sagte er. „Wir müssen weiter suchen."

Pierre war sehr besorgt. „Meine Party ist ruiniert," sagte er traurig.

„Keine Sorge, wir finden die Würstchen," sagte Herr Müller. „Lassen Sie uns im Garten suchen."

Alle Freunde halfen suchen. „Vielleicht hat ein Tier die Würstchen genommen," sagte Lisa.

„Nein, das ist unmöglich," sagte Pierre. „Es muss jemand hier gewesen sein."

Herr Müller nickte. „Wir werden das herausfinden," sagte er. „Ich verspreche es."

- alle - all
- der Garten - garden
- der Polizist - policeman
- essen - to eat
- finden - to find
- der Freund - friend
- der Tisch - table
- vielleicht - maybe
- weg - gone
- die Würstchen - sausages

Die Suche beginnt

„Herr Müller fragte nach Hinweisen. „Wer hat etwas gesehen?" fragte er.

„Ich habe nichts gesehen," sagte Anna.

„Ich habe nur gegessen," sagte Max.

Herr Müller suchte den Tisch ab. Es gab keine Spuren.

„Vielleicht war es ein Tier," sagte Lisa.

„Nein, das ist unmöglich," sagte Pierre. „Die Würstchen waren sicher auf dem Tisch."

Herr Müller schaute sich im Garten um. Plötzlich fand er ein Stück Papier.

„Was ist das?" fragte Herr Müller und hob das Papier auf.

Pierre und die Freunde kamen näher. „Zeigen Sie uns das Papier," sagte Pierre.

Herr Müller zeigte das Papier. „Hier steht etwas geschrieben," sagte er.

Auf dem Papier stand: „Ich liebe Würstchen."

„Wer hat das geschrieben?" fragte Anna.

„Ich weiß es nicht," sagte Pierre. „Das ist sehr seltsam."

Herr Müller nickte. „Wir müssen weiter suchen," sagte er. „Vielleicht finden wir mehr Hinweise."

Pierre und seine Freunde suchten im Garten weiter. Herr Müller dachte nach. „Wer könnte so etwas tun?" fragte er sich leise.

„Vielleicht finden wir bald die Antwort," sagte Pierre hoffnungsvoll.

- das Papier - paper
- der Hinweis - clue
- der Tisch - table
- die Antwort - answer
- die Freunde - friends
- gefunden - found
- geschrieben - written
- hoffnungsvoll - hopeful
- nichts - nothing
- seltsam - strange

Ein verdächtiger Hinweis

Herr Müller hob das Papier auf. „Was ist das?" fragte er.

„Es sieht aus wie eine Notiz," sagte Pierre.

Auf dem Papier stand: „Ich liebe Würstchen."

„Wer hat das geschrieben?" fragte Herr Müller.

„Ich weiß es nicht," sagte Pierre.

Herr Müller zeigte das Papier allen. „Kennt jemand diese Notiz?" fragte er.

Anna schüttelte den Kopf. „Nein, ich habe das noch nie gesehen," sagte sie.

Max sah verwirrt aus. „Ich auch nicht," sagte er.

Lisa zuckte mit den Schultern. „Das ist sehr seltsam," sagte sie.

Herr Müller dachte nach. „Vielleicht hat der Dieb das Papier fallen lassen," sagte er.

„Aber wer könnte es sein?" fragte Pierre.

„Wir wissen es noch nicht," sagte Herr Müller. „Wir müssen weiter suchen."

Pierre und seine Freunde suchten im Garten. Herr Müller sah sich genau um. „Irgendwo muss ein weiterer Hinweis sein," sagte er.

„Ich hoffe, wir finden die Würstchen bald," sagte Pierre. „Meine Party ist nicht dieselbe ohne sie."

„Wir werden die Würstchen finden," sagte Herr Müller entschlossen. „Das verspreche ich."

- der Dieb - thief
- entschlossen - determined
- gefragt - asked
- gefunden - found
- das Papier - paper
- die Party - party
- der Hinweis - clue
- hoffnungsvoll - hopeful
- seltsam - strange

- suchen - to search

Die verdächtige Katze

Plötzlich sah Herr Müller eine Katze. „Wem gehört diese Katze?" fragte er.

„Das ist meine Katze," sagte Lisa.

„Hat die Katze die Würstchen genommen?" fragte Herr Müller.

„Nein, sie mag kein Fleisch," sagte Lisa.

Die Katze lief zu einem Busch. Herr Müller folgte der Katze.

„Wohin geht sie?" fragte Pierre.

„Vielleicht hat sie etwas gefunden," sagte Herr Müller.

Unter dem Busch fand Herr Müller eine Tasche. „Was ist das?" fragte Pierre neugierig.

Herr Müller öffnete die Tasche. In der Tasche waren Würstchen!

„Das sind meine Würstchen!" rief Pierre. „Wer hat sie hier versteckt?"

„Wem gehört die Tasche?" fragte Herr Müller.

Lisa sah die Tasche an. „Das ist nicht meine Tasche," sagte sie.

„Ich kenne die Tasche auch nicht," sagte Max.

„Wir müssen herausfinden, wem die Tasche gehört," sagte Herr Müller.

„Vielleicht finden wir hier einen Hinweis," sagte Pierre.

Herr Müller durchsuchte die Tasche weiter. „Ich hoffe, wir finden bald eine Antwort," sagte er.

- die Antwort - answer
- der Busch - bush
- die Katze - cat
- das Fleisch - meat
- gefunden - found
- gehört - belong
- der Hinweis - clue
- die Tasche - bag
- versteckt - hidden
- wohin - where

Der große Showdown

„Die Tasche gehört Max!" rief Anna.

„Max, warum hast du die Würstchen genommen?" fragte Pierre.

Max wurde rot. „Ich habe sie nicht genommen," sagte er. „Die Tasche gehört meinem Hund."

„Wo ist dein Hund?" fragte Herr Müller.

Plötzlich kam der Hund angerannt. Er hatte ein Würstchen im Maul.

„Es war der Hund!" rief Pierre.

Alle lachten. „Dein Hund liebt Würstchen," sagte Lisa.

„Ja, das tut er," sagte Max lächelnd.

Herr Müller nickte. „Der Fall ist gelöst," sagte er. „Die Würstchen sind wieder da."

Pierre war froh. „Danke, Herr Müller," sagte er. „Jetzt können wir weiter feiern."

Alle freuten sich und die Party ging weiter. Die Würstchen schmeckten allen sehr gut.

- allen - everyone
- die Feier - celebration
- froh - happy
- gelöst - solved
- lachen - to laugh
- der Maul - mouth (of an animal)
- nehmen - to take
- rot - red
- die Tasche - bag
- weiter - continue

Das Rätsel um Max

Das Verschwinden

Max ist ein zehnjähriger Junge. Er wohnt in einer kleinen Stadt. Jeden Tag geht Max zur Schule. Eines Tages kommt er nicht nach Hause.

"Wo ist Max?", fragt seine Mutter.

"Ich weiß es nicht", sagt sein Vater. "Er sollte vor einer Stunde hier sein."

Seine Eltern sind sehr besorgt. Sie rufen die Polizei an.

"Polizei, was ist Ihr Notfall?", fragt der Polizist.

"Unser Sohn Max ist verschwunden!", sagt die Mutter.

"Wir kommen sofort", sagt der Polizist.

Die Polizei kommt schnell.

"Was ist passiert?", fragt der Polizist.

"Max ist nicht nach Hause gekommen", sagt der Vater.

"Wie alt ist Max?", fragt der Polizist.

"Er ist zehn Jahre alt", sagt die Mutter.

"Was hatte er an?", fragt der Polizist.

"Er trug eine blaue Jacke und eine rote Mütze", sagt der Vater.

"Wir werden ihn finden", sagt der Polizist.

Die Polizei beginnt zu suchen. Sie sprechen mit den Nachbarn.

"Habt ihr Max gesehen?", fragt der Polizist.

"Nein, wir haben ihn nicht gesehen", sagen die Nachbarn.

Die Stadt ist in Aufregung. Alle suchen nach Max.

Die Eltern sind sehr besorgt.

"Wo ist unser Junge?", fragt die Mutter weinend.

"Wir müssen hoffen", sagt der Vater und hält ihre Hand.

Die Polizei durchsucht den Park.

"Max, wo bist du?", ruft ein Polizist.

Aber Max ist nicht im Park. Sie gehen zur Schule.

"Haben Sie Max gesehen?", fragt der Polizist den Lehrer.

"Nein, ich habe ihn nicht gesehen", sagt der Lehrer.

Die Suche geht weiter. Die Eltern sind verzweifelt.

"Bitte, finden Sie unscren Sohn", sagt die Mutter.

"Wir tun unser Bestes", sagt der Polizist.

Die Stadt bleibt wach in dieser Nacht. Alle hoffen, dass Max bald gefunden wird.

- alt - old
- die Aufregung - excitement
- besorgt - worried
- bleiben - to stay
- die Jacke - jacket
- die Mütze - cap
- rufen - to call
- der Sohn - son
- suchen - to search
- die Verzweiflung - despair

Die Suche beginnt

Die Polizei fragt die Nachbarn.

"Hallo, haben Sie Max gesehen?", fragt ein Polizist.

"Nein, ich habe Max nicht gesehen", sagt Frau Müller.

Die Polizei geht zum nächsten Haus.

"Entschuldigung, haben Sie Max gesehen?", fragt der Polizist.

"Nein, leider nicht", sagt Herr Schmidt.

Niemand hat Max gesehen.

"Wir müssen weiter suchen", sagt der Polizist.

Sie durchsuchen den Park.

"Max! Max!", ruft ein Polizist.

Max ist nicht im Park.

"Er ist nicht hier", sagt ein Polizist.

"Wo könnten wir noch suchen?", fragt der andere Polizist.

"Wir gehen zur Schule", sagt der Polizist.

Sie gehen zur Schule.

"Hallo, ist Max hier?", fragt der Polizist den Lehrer.

"Nein, Max ist nicht hier", sagt der Lehrer.

Die Lehrer wissen nichts.

"Wir wissen nicht, wo Max ist", sagt die Lehrerin.

Die Polizei spricht mit Max' Freunden.

"Habt ihr Max gesehen?", fragt der Polizist.

"Nein, wir haben Max nicht gesehen", sagt Anna, Max' Freundin.

"Keine Ahnung, wo er sein könnte", sagt Tom, ein anderer Freund.

Die Freunde haben keine Ahnung.

"Wir suchen weiter", sagt der Polizist.

Die Suche geht weiter.

"Wir finden ihn bestimmt", sagt der Polizist zu Max' Eltern.

Die Eltern sind verzweifelt.

"Wo ist unser Junge?", fragt die Mutter weinend.

"Wir tun alles, um ihn zu finden", sagt der Polizist.

Die Suche geht weiter durch die Nacht.

- die Ahnung - idea
- bestimmt - certainly
- durchsuchen - to search through
- fragen - to ask
- die Lehrerin - teacher (female)
- leider - unfortunately
- die Nacht - night
- die Suche - search
- verzweifelt - desperate
- weinen - to cry

Der Verdacht

Ein Fremder wird in der Stadt gesehen.

"Schau, wer ist das?", fragt Frau Müller.

"Ich weiß es nicht", sagt Herr Schmidt.

Die Polizei befragt den Fremden.

"Wer sind Sie?", fragt der Polizist.

"Ich bin nur ein Besucher", sagt der Fremde.

"Kennen Sie Max?", fragt der Polizist.

"Nein, ich kenne Max nicht", sagt der Fremde.

Die Polizei untersucht seinen Wagen.

"Bitte öffnen Sie den Kofferraum", sagt der Polizist.

"Natürlich", sagt der Fremde und öffnet den Kofferraum.

Sie finden nichts Verdächtiges.

"Alles ist sauber", sagt der Polizist.

"Sie dürfen gehen", sagt der andere Polizist.

Der Fremde darf gehen.

"Vielen Dank", sagt der Fremde und geht.

Die Polizei sucht weiter.

"Wir müssen mehr Hinweise finden", sagt der Polizist.

Sie überprüfen Kameras.

"Schau, das ist Max!", ruft ein Polizist.

"Nein, das ist ein anderer Junge", sagt der andere Polizist.

Ein Polizist hat eine Idee.

"Lass uns den Park noch einmal durchsuchen", sagt er.

"Das ist eine gute Idee", sagt der andere Polizist.

Die Suche wird intensiver.

"Wir müssen Max finden", sagt der Polizist.

"Ja, wir suchen weiter", sagt der andere Polizist.

Die Eltern hoffen, dass Max bald gefunden wird.

- die Befragung - questioning
- die Kamera - camera
- der Kofferraum - trunk
- sauber - clean
- die Stadt - city
- der Hinweis - clue
- intensiver - more intensive
- verdächtig - suspicious
- untersuchen - to investigate
- der Wagen - car

Ein Hinweis

Ein Junge findet den Rucksack von Max.

"Schau, ich habe einen Rucksack gefunden!", ruft der Junge.

"Wo hast du den Rucksack gefunden?", fragt der Polizist.

"Im Wald", sagt der Junge.

Der Rucksack ist im Wald.

"Wir müssen den Wald durchsuchen", sagt der Polizist.

Die Polizei durchsucht den Wald.

"Max! Bist du hier?", ruft ein Polizist.

Sie finden Spuren.

"Hier sind Fußspuren", sagt der Polizist.

"Folgen wir den Spuren", sagt der andere Polizist.

Die Spuren führen zu einem Haus.

"Das Haus sieht verlassen aus", sagt der Polizist.

"Wir gehen hinein", sagt der andere Polizist.

Die Polizei betritt das Haus.

"Hallo? Ist jemand hier?", ruft der Polizist.

Sie finden niemanden.

"Hier ist niemand", sagt der Polizist.

"Und keine weiteren Hinweise", sagt der andere Polizist.

Es gibt keine weiteren Hinweise.

"Was machen wir jetzt?", fragt der Polizist.

"Wir suchen weiter", sagt der andere Polizist.

Die Suche geht weiter. Die Eltern von Max hoffen und warten.

- der Fußspuren - footprints
- gefunden - found
- das Haus - house
- der Hinweis - clue
- hineingehen - to go in
- niemand - nobody
- der Rucksack - backpack
- suchen - to search
- verlassen - abandoned
- warten - to wait

Die Verfolgung

Die Polizei erhält einen Anruf.

"Hallo, Polizei. Wie kann ich helfen?", fragt der Polizist.

"Ich habe Max gesehen!", sagt eine Stimme.

"Wo haben Sie Max gesehen?", fragt der Polizist.

"Er ist in einem Auto", sagt die Stimme.

Die Polizei fährt sofort los.

"Schnell, wir müssen das Auto finden", sagt der Polizist.

"Da ist es!", ruft der andere Polizist.

Sie jagen das Auto.

"Das Auto ist schnell", sagt der Fahrer.

"Wir müssen schneller fahren", sagt der Beifahrer.

Die Verfolgung ist gefährlich.

"Pass auf! Eine Kurve!", ruft der Beifahrer.

"Ich sehe sie!", sagt der Fahrer.

Das Auto stoppt plötzlich.

"Warum hält es an?", fragt der Polizist.

"Sei vorsichtig", sagt der andere Polizist.

Niemand ist im Auto.

"Es ist leer", sagt der Polizist.

"Es ist eine Falle", sagt der andere Polizist.

Die Polizei sucht weiter.

"Wir dürfen nicht aufgeben", sagt der Polizist.

"Ja, wir suchen weiter", sagt der andere Polizist.

Die Eltern von Max hoffen und beten.

- der Anruf - call
- die Eltern - parents
- fahren - to drive
- die Falle - trap
- gefährlich - dangerous
- hoffen - to hope
- jagen - to chase
- plötzlich - suddenly
- die Stimme - voice
- vorsichtig - careful

Eine neue Spur

Eine Frau ruft die Polizei an.

"Hallo, Polizei. Wie kann ich helfen?", fragt der Polizist.

"Ich habe Max gesehen!", sagt die Frau.

"Wo haben Sie Max gesehen?", fragt der Polizist.

"Bei meinem Haus", sagt die Frau.

Die Polizei fährt zu ihrem Haus.

"Schnell, wir müssen zu diesem Haus", sagt der Polizist.

"Wir sind gleich da", sagt der Fahrer.

Die Frau zeigt auf einen Keller.

"Er ist im Keller", sagt die Frau.

"Wir müssen die Kellertür öffnen", sagt der Polizist.

Die Polizei öffnet die Kellertür.

"Max, bist du hier?", ruft der Polizist.

Der Keller ist leer.

"Hier ist niemand", sagt der Polizist.

"Ich habe mich geirrt", sagt die Frau.

Die Polizei ist enttäuscht.

"Was machen wir jetzt?", fragt der Polizist.

"Wir müssen weiter suchen", sagt der andere Polizist.

Ein neuer Hinweis kommt.

"Ich habe etwas gehört", sagt der Polizist.

"Was?", fragt der andere Polizist.

"Max könnte am Spielplatz sein", sagt der Polizist.

Sie fahren zu einem Spielplatz.

"Vielleicht finden wir ihn dort", sagt der Polizist.

Die Eltern von Max warten und hoffen.

- der Fahrer - driver
- geholfen - helped
- gleich - soon
- die Kellertür - cellar door
- leer - empty
- niemand - nobody
- der Polizist - policeman
- der Spielplatz - playground
- enttäuscht - disappointed
- die Frau - woman

Die Wahrheit

Die Polizei findet Max auf dem Spielplatz.

"Da ist Max!", ruft der Polizist.

"Max, bist du okay?", fragt der andere Polizist.

Max ist gesund und munter.

"Ja, mir geht es gut", sagt Max.

Sie fragen ihn, was passiert ist.

"Max, was ist passiert?", fragt der Polizist.

Max sagt, er ist weggelaufen.

"Ich bin weggelaufen", sagt Max.

"Warum bist du weggelaufen?", fragt der Polizist.

Er wollte nicht seine Hausaufgaben machen.

"Ich wollte meine Hausaufgaben nicht machen", sagt Max.

"Du musst keine Angst haben", sagt der Polizist.

Er hat sich versteckt.

"Ich habe mich im Wald versteckt", sagt Max.

Die Polizei ist erleichtert.

"Zum Glück bist du sicher", sagt der Polizist.

Die Eltern sind glücklich.

"Max, wir haben uns solche Sorgen gemacht!", sagt die Mutter.

"Es tut mir leid, Mama", sagt Max.

Max verspricht, seine Hausaufgaben zu machen.

"Ich werde meine Hausaufgaben machen", sagt Max.

"Das ist gut, Max", sagt der Vater.

Alle gehen nach Hause.

"Kommt, wir gehen nach Hause", sagt der Polizist.

"Ja, es ist Zeit nach Hause zu gehen", sagt die Mutter.

Max lächelt und alle sind froh.

- erleichtert - relieved
- froh - happy
- gefunden - found
- gesund - healthy
- glücklich - happy
- munter - cheerful
- die Polizei - police
- der Polizist - policeman
- versteckt - hidden
- weglaufen - to run away

Das Geheimnis der verschwundenen Katze

Das Verschwinden

Lisas Katze, Minka, ist weg. Lisa sucht überall im Haus.

"Mama, wo ist Minka?", fragt Lisa.

"Ich weiß es nicht, Lisa", sagt die Mutter.

Lisa geht in den Garten.

"Minka, komm zurück!", ruft Lisa.

Die Katze kommt nicht. Lisa ist traurig.

"Wir müssen die Polizei rufen", sagt die Mutter.

Die Polizei kommt und fragt nach Minka.

"Hallo, was ist passiert?", fragt der Polizist.

"Unsere Katze Minka ist weg", sagt die Mutter.

"Seit wann ist sie weg?", fragt der Polizist.

"Seit heute Morgen", sagt Lisa.

"Wir werden nach ihr suchen", sagt der Polizist.

Die Polizei beginnt die Suche.

- die Katze - cat
- der Garten - garden
- die Mutter - mother
- passiert - happened
- rufen - to call
- seit - since
- die Suche - search
- traurig - sad

- überall - everywhere
- verschwunden - disappeared

Die Suche beginnt

Die Polizei befragt die Nachbarn.

"Haben Sie Minka gesehen?", fragt der Polizist.

"Nein, wir haben Minka nicht gesehen", sagen die Nachbarn.

Lisa und die Polizei gehen in den Park.

"Minka! Minka!", ruft Lisa.

Minka ist nicht im Park.

"Wir müssen weiter suchen", sagt der Polizist.

Sie gehen zum Supermarkt.

"Ist Minka hier?", fragt Lisa.

"Nein, hier ist keine Katze", sagt der Verkäufer.

"Hat jemand eine Katze gesehen?", fragt der Polizist.

"Nein, wir haben keine Katze gesehen", sagen die Leute.

Niemand hat Minka gesehen.

"Was machen wir jetzt?", fragt Lisa.

"Wir suchen weiter", sagt der Polizist.

Lisa ist traurig, aber sie gibt nicht auf. Die Suche geht weiter.

- befragen - to question
- der Nachbar - neighbor
- niemand - nobody
- der Park - park

- der Polizist - policeman
- der Supermarkt - supermarket
- traurig - sad
- der Verkäufer - salesman
- weiter - further
- die Suche - search

Ein erster Hinweis

Ein Junge findet ein Halsband.

"Ist das Minkas Halsband?", fragt der Junge.

Lisa schaut genau hin.

"Ja, das ist Minkas Halsband!", ruft Lisa.

Der Polizist nimmt das Halsband.

"Wir haben einen Hinweis", sagt der Polizist.

Sie suchen in der Nähe des Fundorts.

"Minka muss hier irgendwo sein", sagt Lisa.

"Schaut überall!", sagt der Polizist.

Die Suche geht weiter.

"Minka, wo bist du?", ruft Lisa.

Sie finden keine weiteren Spuren.

"Was machen wir jetzt?", fragt Lisa.

"Wir suchen weiter", sagt der Polizist.

Lisa ist ein bisschen hoffnungsvoll. Die Suche geht weiter.

- der Fundort - discovery site

- das Halsband - collar
- hoffnungsvoll - hopeful
- der Hinweis - clue
- irgendwo - somewhere
- genau - exactly
- der Polizist - policeman
- der Spur - trace
- weiter - further
- überall - everywhere

Die Verdächtigen

Ein Fremder wird in der Stadt gesehen.

"Wer sind Sie?", fragt der Polizist.

"Ich bin nur ein Besucher", sagt der Fremde.

"Haben Sie eine Katze gesehen?", fragt der Polizist.

"Nein, ich habe keine Katze gesehen", sagt der Fremde.

Der Polizist befragt einen anderen Mann.

"Kennen Sie Minka?", fragt der Polizist.

"Nein, ich kenne keine Minka", sagt der Mann.

"Wir müssen weiter suchen", sagt Lisa.

"Ja, wir finden sie", sagt der Polizist.

Sie gehen zur nächsten Straße.

"Minka! Minka!", ruft Lisa.

"Schauen wir dort drüben", sagt der Polizist.

Die Suche geht weiter. Lisa hofft, dass sie Minka bald findet.

- befragen - to question
- der Fremde - stranger
- die Katze - cat
- kennen - to know
- der Mann - man
- der Polizist - policeman
- die Straße - street
- suchen - to search
- weiter - further
- der Besucher - visitor

Die Verfolgung

Die Polizei erhält einen Anruf.

"Ich habe eine Katze gesehen!", sagt eine Stimme.

Die Polizei fährt sofort los.

"Wo ist die Katze?", fragt der Polizist.

"Sie ist in einem Auto", sagt die Stimme.

Die Polizei verfolgt das Auto.

"Da ist das Auto!", ruft der Polizist.

Das Auto fährt sehr schnell.

"Wir müssen schneller fahren", sagt der Fahrer.

Die Verfolgung ist spannend.

"Halt das Auto an!", ruft der Polizist.

Das Auto stoppt plötzlich.

"Sei vorsichtig", sagt der Polizist.

Niemand ist im Auto.

"Wo ist die Katze?", fragt Lisa.

"Ich weiß es nicht", sagt der Polizist.

Lisa ist enttäuscht, aber die Suche geht weiter.

- der Anruf - call
- die Katze - cat
- das Auto - car
- der Fahrer - driver
- erhalten - to receive
- schnell - fast
- die Stimme - voice
- spannend - exciting
- sofort - immediately
- vorsichtig - careful

Neue Hinweise

Eine Frau ruft die Polizei an.

"Ich habe Minka gesehen!", sagt die Frau.

"Wo haben Sie Minka gesehen?", fragt der Polizist.

"In meinem Garten", sagt die Frau.

Die Polizei fährt zu ihrem Haus.

"Wo ist Minka jetzt?", fragt Lisa.

"Sie war hier, aber jetzt ist sie weg", sagt die Frau.

Die Polizei durchsucht den Garten.

"Schaut dort drüben!", sagt der Polizist.

Sie finden eine kleine Spur.

"Hier sind Pfotenabdrücke", sagt der Polizist.

"Das muss Minka sein", sagt Lisa.

"Wir sind auf dem richtigen Weg", sagt der Polizist.

Lisa ist aufgeregt und hofft, dass sie Minka bald findet. Die Suche geht weiter.

- aufgeregt - excited
- der Garten - garden
- die Frau - woman
- finden - to find
- die Pfotenabdrücke - paw prints
- der Polizist - policeman
- richtig - right
- der Spur - trace
- weg - gone
- weiter - further

Die Falle

Die Polizei stellt eine Falle auf.

"Wir legen etwas Futter aus", sagt der Polizist.

Lisa wartet geduldig.

"Wird Minka kommen?", fragt Lisa.

"Wir hoffen es", sagt der Polizist.

Die Falle wird überprüft.

"Da bewegt sich etwas!", ruft Lisa.

Eine Katze kommt zum Futter.

"Ist das Minka?", fragt der Polizist.

Lisa schaut genau hin.

"Nein, das ist eine andere Katze", sagt Lisa enttäuscht.

"Wir versuchen es weiter", sagt der Polizist.

Lisa ist traurig, aber sie gibt nicht auf. Die Suche geht weiter.

- aufstellen - to set up
- bewegen - to move
- das Futter - food
- geduldig - patient
- die Hoffnung - hope
- legen - to lay
- die Falle - trap
- versuchen - to try
- warten - to wait
- weiter - further

Die Wahrheit

Ein kleines Mädchen kommt zur Polizei.

"Ich habe Minka gefunden", sagt das Mädchen.

"Wo ist Minka?", fragt Lisa aufgeregt.

"Sie ist bei mir zu Hause", sagt das Mädchen.

Die Polizei und Lisa gehen mit dem Mädchen.

"Zeig uns den Weg", sagt der Polizist.

"Kommt mit", sagt das Mädchen.

"Minka!", ruft Lisa, als sie die Katze sieht.

Minka ist gesund und munter.

"Warum hast du Minka mitgenommen?", fragt der Polizist.

"Ich dachte, sie ist verloren", sagt das Mädchen.

"Vielen Dank, dass du sie gefunden hast", sagt Lisa.

"Ja, danke", sagt der Polizist.

Alle sind froh, dass Minka zurück ist.

"Wir sind so glücklich", sagt die Mutter.

"Endlich ist Minka wieder zu Hause", sagt Lisa.

- aufgeregt - excited
- endlich - finally
- froh - happy
- gefunden - found
- glücklich - happy
- das Mädchen - girl
- mitnehmen - to take with
- munter - cheerful
- verloren - lost
- zeigen - to show

Der Hut des Mörders

Ein ruhiger Abend in Wien

Es ist Abend in Wien. Frau Müller geht spazieren. Sie sieht die schönen Lichter.

"Wie schön!" sagt Frau Müller.

Plötzlich hört sie einen Schrei. Sie bleibt stehen.

"Was war das?" fragt sie sich.

Sie läuft schnell zur Quelle des Schreis. Auf der Straße liegt ein Mann. Es ist Herr Schmidt. Er ist tot.

"Oh nein!" ruft Frau Müller. "Jemand muss helfen!"

Frau Müller ruft die Polizei. "Hallo, hier ist Frau Müller. Ein Mann liegt tot auf der Straße."

Die Polizei kommt schnell an. Inspektor Meier steigt aus dem Auto.

"Guten Abend, ich bin Inspektor Meier," sagt er.

"Guten Abend, Inspektor. Da drüben liegt Herr Schmidt," sagt Frau Müller.

Inspektor Meier schaut sich um. Er sieht den toten Mann und den Hut daneben.

"Das ist ein mysteriöser Fall," sagt Inspektor Meier leise.

Frau Müller nickt. "Ja, das ist es wirklich."

Inspektor Meier fragt Frau Müller, "Haben Sie etwas Verdächtiges gesehen?"

"Nein, Inspektor. Ich habe nur den Schrei gehört," antwortet Frau Müller.

"Okay, danke. Wir werden alles untersuchen," sagt Inspektor Meier.

Ein Polizist sperrt den Tatort ab. Inspektor Meier denkt nach. "Wer könnte das getan haben?" murmelt er.

Frau Müller schaut besorgt. "Bitte finden Sie den Mörder, Inspektor."

"Das werden wir tun," verspricht Inspektor Meier. Der Fall beginnt.

- der Abend - evening
- der Fall - case
- der Hut - hat
- der Inspektor - inspector
- der Mörder - murderer
- der Polizist - policeman
- die Quelle - source
- der Schrei - scream
- der Tatort - crime scene
- untersuchen - to investigate

Die Untersuchung beginnt

Inspektor Meier befragt Frau Müller.

"Haben Sie etwas Verdächtiges gesehen?" fragt Inspektor Meier.

"Nein, Inspektor," antwortet Frau Müller. "Ich habe nur den Schrei gehört."

"Okay, danke. Bleiben Sie bitte hier," sagt Inspektor Meier.

Der Tatort wird abgesperrt. Ein Polizist stellt ein Band auf.

"Niemand darf hier rein," sagt der Polizist.

Die Polizei sucht nach Spuren. Inspektor Meier schaut sich genau um.

"Schau mal, was ist das?" sagt ein Polizist und zeigt auf den Boden.

Sie finden einen fremden Hut. Inspektor Meier hebt den Hut auf.

"Interessant," sagt er. "Der Hut hat eine Initiale."

"Welche Initiale?" fragt der Polizist.

"Die Initiale ist 'K'," antwortet Inspektor Meier.

Inspektor Meier hat viele Fragen. "Wem gehört dieser Hut?" denkt er laut.

Er ruft seine Assistentin Anna. "Anna, komm bitte sofort her," sagt er ins Telefon.

Anna kommt schnell an. "Was gibt es, Inspektor?" fragt sie.

"Wir haben einen Hut gefunden. Notiere alle Hinweise," sagt Inspektor Meier.

Anna notiert alles in ihr Notizbuch. "Der Hut ist wichtig," sagt sie.

"Ja, wir müssen den Besitzer des Huts finden," sagt Inspektor Meier.

"Ich werde den Hut im System überprüfen," sagt Anna.

"Sehr gut, Anna. Wir müssen diesen Fall lösen," sagt Inspektor Meier.

"Das werden wir, Inspektor," antwortet Anna mit einem Lächeln.

Die Suche nach dem Besitzer des Huts beginnt.

- absperren - to cordon off

- der Assistent - assistant
- der Besitzer - owner
- das Band - tape
- der Hut - hat
- die Initiale - initial
- das Notizbuch - notebook
- die Spur - trace
- das System - system
- verdächtig - suspicious

Verdächtige und Hinweise

Inspektor Meier und Anna besuchen ein Café. Sie betreten das Café und schauen sich um.

"Hier ist es gemütlich," sagt Anna.

"Ja, lass uns den Kellner fragen," sagt Inspektor Meier.

Sie gehen zum Tresen. "Guten Tag," sagt Inspektor Meier. "Wir sind von der Polizei."

"Guten Tag," antwortet der Kellner. "Wie kann ich Ihnen helfen?"

"Wir haben ein paar Fragen zu Herrn Schmidt," sagt Inspektor Meier.

"Ah, Herr Schmidt. Ja, ich kenne ihn," sagt der Kellner.

"Herr Schmidt war oft im Café?" fragt Anna.

"Ja, er kam fast jeden Tag," sagt der Kellner.

"Und haben Sie Herrn Schmidt gestern gesehen?" fragt Inspektor Meier.

"Ja, ich habe ihn gestern gesehen," sagt der Kellner. "Er war mit einem Mann hier."

"Wie sah der Mann aus?" fragt Anna.

"Der Mann war groß und schlank," sagt der Kellner. "Er trug einen Hut."

"Trug er diesen Hut?" fragt Inspektor Meier und zeigt den gefundenen Hut.

"Ja, das ist der Hut," sagt der Kellner.

"Hatte der Mann einen Akzent?" fragt Anna.

"Ja, er hatte einen Akzent," antwortet der Kellner.

"Wir müssen die Gästeliste überprüfen," sagt Inspektor Meier zu Anna.

Anna nickt und nimmt die Liste. Sie schaut sie genau an. "Ein Name fällt auf: Karl Novak," sagt sie.

"Wir müssen Karl Novak finden," sagt Inspektor Meier entschlossen.

"Vielen Dank für Ihre Hilfe," sagt Anna zum Kellner.

"Keine Ursache. Viel Glück," sagt der Kellner.

Inspektor Meier und Anna verlassen das Café. Sie haben eine neue Spur.

- der Akzent - accent
- entschlossen - determined
- gemütlich - cozy
- der Gast - guest
- der Hut - hat
- die Liste - list
- schlank - slim
- die Spur - clue
- der Tresen - counter

* überprüfen - to check

Die Spur führt weiter

Inspektor Meier sucht Karl Novak. Er ruft Anna an.

"Anna, hast du die Adresse von Karl Novak?" fragt Inspektor Meier.

"Ja, ich habe sie. Er wohnt am Stadtrand," antwortet Anna.

"Sehr gut. Wir fahren sofort hin," sagt Inspektor Meier.

Sie fahren zum Stadtrand. Sie finden seine Adresse und steigen aus dem Auto.

"Das ist das Haus," sagt Anna und zeigt auf ein kleines Haus.

Inspektor Meier klopft an die Tür. Eine Weile passiert nichts, dann öffnet Karl Novak die Tür.

"Guten Tag. Sind Sie Karl Novak?" fragt Inspektor Meier.

"Ja, das bin ich. Wer sind Sie?" fragt Karl Novak überrascht und nervös.

"Ich bin Inspektor Meier und das ist meine Assistentin Anna. Wir haben ein paar Fragen," sagt Inspektor Meier.

"Ähm, okay. Worum geht es?" fragt Karl Novak nervös.

"Wo waren Sie gestern Abend?" fragt Inspektor Meier.

"Ich war bei einem Freund," antwortet Karl Novak schnell.

"Wie heißt Ihr Freund?" fragt Anna.

"Sein Name ist Peter. Peter Müller," sagt Karl Novak.

"Wir müssen Ihr Alibi überprüfen," sagt Inspektor Meier ernst.

"Natürlich. Sie können Peter fragen," sagt Karl Novak.

Inspektor Meier und Anna gehen zurück zum Auto. Anna ruft Peter Müller an.

"Hallo, hier ist Anna von der Polizei. War Karl Novak gestern bei Ihnen?" fragt sie.

"Ja, Karl war den ganzen Abend bei mir," bestätigt Peter Müller.

Anna schaut Inspektor Meier an. "Das Alibi ist echt," sagt sie.

"Okay, danke. Wir müssen weiter suchen," sagt Inspektor Meier. Die Spur führt weiter.

- die Adresse - address
- das Alibi - alibi
- echt - genuine
- ernst - serious
- der Freund - friend
- klopfen - to knock
- nervös - nervous
- suchen - to search
- der Stadtrand - outskirts
- weiter - further

Ein neuer Verdächtiger

Das Alibi von Karl Novak ist echt. Inspektor Meier ist verwirrt.

"Was nun?" fragt Anna.

"Wir müssen weiter suchen," sagt Inspektor Meier.

Anna findet eine neue Spur. "Inspektor, ich habe etwas gefunden," sagt sie.

"Was ist es?" fragt Inspektor Meier.

"Ein Mann namens Peter Maier ist verdächtig," sagt Anna.

"Wer ist Peter Maier?" fragt Inspektor Meier.

"Er war oft mit Herrn Schmidt zusammen," antwortet Anna.

"Was noch?" fragt Inspektor Meier.

"Er hatte einen Streit mit Herrn Schmidt," sagt Anna.

"Wir müssen Peter Maier besuchen," sagt Inspektor Meier entschlossen.

Inspektor Meier und Anna besuchen Peter Maier. Sie klopfen an seine Tür. Peter Maier öffnet die Tür.

"Guten Tag, sind Sie Peter Maier?" fragt Inspektor Meier.

"Ja, das bin ich. Wer sind Sie?" fragt Peter Maier nervös.

"Ich bin Inspektor Meier und das ist meine Assistentin Anna. Wir haben ein paar Fragen," sagt Inspektor Meier.

"Ähm, okay. Worum geht es?" fragt Peter Maier.

"Wo waren Sie gestern Abend?" fragt Inspektor Meier.

"Ich war zu Hause," antwortet Peter Maier schnell.

"Kennen Sie Herrn Schmidt?" fragt Anna.

Peter Maier zögert. "Ja, ich kannte ihn," gibt er zu.

"Hatten Sie einen Streit mit Herrn Schmidt?" fragt Inspektor Meier.

Peter Maier wird noch nervöser. "Ja, wir hatten einen Streit," sagt er leise.

"Wann haben Sie Herrn Schmidt zuletzt gesehen?" fragt Anna.

"Ich habe ihn vor einer Woche gesehen," sagt Peter Maier.

"Okay, danke für die Informationen," sagt Inspektor Meier.

Peter Maier schließt die Tür. Inspektor Meier und Anna gehen zurück zum Auto.

"Er ist sehr nervös," sagt Anna.

"Ja, wir müssen mehr über Peter Maier herausfinden," sagt Inspektor Meier. Der Fall wird immer komplizierter.

- entschlossen - determined
- gefunden - found
- herausfinden - to find out
- kompliziert - complicated
- nervös - nervous
- der Streit - argument
- verdächtig - suspicious
- die Woche - week
- der Weg - way
- zuletzt - last

Ein überraschender Fund

Die Polizei durchsucht Peter Maiers Wohnung. Inspektor Meier und Anna schauen überall.

"Was suchen wir genau?" fragt Anna.

"Alles, was uns weiterhelfen kann," antwortet Inspektor Meier.

Plötzlich ruft ein Polizist: "Ich habe etwas gefunden!"

Inspektor Meier und Anna kommen schnell herbei. Der Polizist hält einen Brief in der Hand.

"Es ist ein Brief von Herrn Schmidt," sagt der Polizist.

"Zeig mal her," sagt Inspektor Meier.

Inspektor Meier liest den Brief laut vor. "Dieser Brief ist wichtig," sagt er.

"Was steht drin?" fragt Anna.

"Der Brief spricht von einem Geheimnis," antwortet Inspektor Meier.

Peter Maier ist schockiert. "Ein Geheimnis? Das wusste ich nicht," sagt er.

"Was für ein Geheimnis?" fragt Anna.

"Hier steht, dass Herr Schmidt Angst vor jemandem hatte," sagt Inspektor Meier.

"Stehen Namen im Brief?" fragt Anna.

"Nein, es gibt keine Namen im Brief," antwortet Inspektor Meier.

"Wir müssen weiter suchen," sagt Anna.

Die Polizei sucht weiter. Sie durchsuchen jeden Raum. Dann ruft ein Polizist wieder: "Ich habe etwas gefunden!"

"Was ist es diesmal?" fragt Inspektor Meier.

"Es ist eine zweite Nachricht," sagt der Polizist und gibt den Zettel Inspektor Meier.

Inspektor Meier liest die Nachricht. "Das bringt uns vielleicht weiter," sagt er.

Anna nickt. "Ja, wir kommen dem Geheimnis näher," sagt sie.

"Wir müssen alles genau untersuchen," sagt Inspektor Meier.

Die Untersuchung geht weiter.

- der Brief - letter
- durchsuchen - to search

- das Geheimnis - secret
- genau - exactly
- helfen - to help
- die Nachricht - message
- der Polizist - policeman
- der Raum - room
- schockiert - shocked
- die Untersuchung - investigation

Eine heiße Spur

Die zweite Nachricht ist ein Hinweis. Inspektor Meier liest sie genau.

"Diese Nachricht führt zu einem verlassenen Haus," sagt Inspektor Meier.

"Ein verlassenes Haus? Das klingt spannend," sagt Anna.

"Wir müssen dort hin," sagt Inspektor Meier. "Vielleicht finden wir etwas Wichtiges."

Inspektor Meier und Anna gehen zum Haus. Es sieht alt und unheimlich aus.

"Das ist das Haus," sagt Anna und zeigt darauf.

"Ja, es ist wirklich verlassen," sagt Inspektor Meier. "Lass uns hineingehen."

Sie öffnen die Tür und betreten das Haus. Alles ist staubig und dunkel.

"Schau mal, was ist das?" fragt Anna und zeigt auf den Boden.

"Es ist ein Schlüssel," sagt Inspektor Meier und hebt ihn auf.

"Was könnte dieser Schlüssel öffnen?" fragt Anna.

"Wir müssen weiter suchen," sagt Inspektor Meier.

Sie durchsuchen das Haus und finden eine Kiste. "Vielleicht passt der Schlüssel hier," sagt Inspektor Meier.

Er steckt den Schlüssel in das Schloss. Der Schlüssel passt. Sie öffnen die Kiste.

"In der Kiste ist ein Tagebuch," sagt Anna überrascht.

"Das Tagebuch gehört Herrn Schmidt," sagt Inspektor Meier und blättert durch die Seiten.

"Was steht drin?" fragt Anna neugierig.

"Es beschreibt geheime Treffen," sagt Inspektor Meier. "Hier steht ein Name oft: 'Ludwig'."

"Wer ist Ludwig?" fragt Anna.

Inspektor Meier denkt nach. "Ich kenne Ludwig," sagt er ernst.

Anna schaut Inspektor Meier überrascht an. "Was machen wir jetzt?" fragt sie.

"Wir müssen Ludwig finden," sagt Inspektor Meier entschlossen. Die Spur wird heiß.

- der Hinweis - clue
- das Haus - house
- der Schlüssel - key
- die Kiste - box
- das Schloss - lock
- spannend - exciting
- staubig - dusty
- unheimlich - spooky
- verlassen - abandoned
- das Tagebuch - diary

Die Lösung des Falls

Inspektor Meier sucht Ludwig auf. Er klopft an Ludwigs Tür.

"Ludwig, öffnen Sie bitte. Hier ist die Polizei," ruft Inspektor Meier.

Ludwig öffnet die Tür. "Inspektor Meier? Was wollen Sie?" fragt Ludwig überrascht.

"Wir müssen mit Ihnen reden," sagt Inspektor Meier.

Ludwig lässt sie herein. "Worum geht es?" fragt Ludwig.

"Sie sind ein alter Freund von Herrn Schmidt, richtig?" fragt Inspektor Meier.

"Ja, das stimmt," sagt Ludwig. "Wir waren Freunde."

"Wir wissen, dass Sie Schulden bei Herrn Schmidt hatten," sagt Inspektor Meier.

Ludwig schaut zu Boden. "Ja, ich hatte Schulden," gibt er zu.

"Haben Sie Herrn Schmidt getroffen?" fragt Anna.

Ludwig seufzt. "Ja, ich habe ihn getroffen," sagt er leise.

"Was ist passiert?" fragt Inspektor Meier.

"Wir hatten einen Streit um Geld," sagt Ludwig. "Ich wurde wütend."

"Und dann?" fragt Anna.

"Ich habe ihn geschubst," sagt Ludwig. "Er ist gefallen und gestorben."

Inspektor Meier nickt. "Es tut mir leid, aber wir müssen Sie festnehmen," sagt er.

Ludwig ist traurig und gesteht alles. "Ja, ich verstehe," sagt er. "Es tut mir leid."

Die Polizei nimmt Ludwig fest. "Danke, dass Sie die Wahrheit gesagt haben," sagt Anna.

"Ich hatte keine Wahl," sagt Ludwig.

Inspektor Meier und Anna bringen Ludwig zur Wache. Der Fall ist gelöst.

"Wir haben es geschafft," sagt Anna.

"Ja, guter Job," sagt Inspektor Meier. "Aber es ist immer traurig, wenn so etwas passiert."

Anna nickt. "Hoffentlich finden alle Beteiligten Frieden," sagt sie.

Der Fall von Herrn Schmidt ist nun abgeschlossen.

- abgeschlossen - closed
- der Beteiligte - participant
- festnehmen - to arrest
- der Freund - friend
- der Job - job
- lösen - to solve
- der Streit - argument
- der Tür - door
- die Wahrheit - truth
- wütend - angry

Das Geheimnisvolle Raumschiff

Das Deutsche Raumschiff

Zwei Astronauten fliegen im deutschen Raumschiff. Ihre Namen sind Anna und Peter. Sie sind seit vielen Tagen im Weltraum. Es ist sehr langweilig.

„Wie lange sind wir schon hier?" fragt Anna.

„Seit vielen Tagen," antwortet Peter. Er liest ein Buch.

„Es ist so langweilig," sagt Anna und schaut aus dem Fenster.

„Ja, sehr langweilig," sagt Peter.

Das Raumschiff fliegt ruhig durch den Weltraum. Sie haben viele Sterne gesehen. Es gibt keine anderen Schiffe.

„Ich vermisse meine Familie," sagt Anna.

„Ich auch," sagt Peter.

„Was machst du?" fragt Anna.

„Ich lese ein Buch," antwortet Peter.

Anna isst ein Sandwich. Peter trinkt Wasser.

„Ich möchte ein Abenteuer," sagt Anna.

„Ich auch, aber hier ist es sehr still," sagt Peter.

Anna und Peter reden weiter über die Erde.

- abgeschlossen - closed
- beteiligt - involved
- festnehmen - to arrest
- Freund - friend
- Job - job

- lösen - to solve
- Streit - argument
- Tür - door
- Wahrheit - truth
- wütend - angry

Das Alte Raumschiff

Anna und Peter sind im deutschen Raumschiff. Plötzlich sieht Anna etwas.

„Peter, schau! Ein anderes Raumschiff!" ruft Anna.

Peter kommt schnell zum Fenster. „Wo? Ich sehe es!" sagt er.

„Es sieht sehr alt aus," sagt Anna.

„Ja, es ist sehr alt," antwortet Peter. „Was sollen wir tun?"

„Lass uns näher fliegen," sagt Anna.

„Okay," sagt Peter. Sie fliegen näher.

Das alte Raumschiff ist groß. Es gibt viele Schäden am Schiff.

„Es sieht kaputt aus," sagt Anna.

„Ja, sehr kaputt," sagt Peter. „Ist jemand an Bord?"

„Ich glaube nicht," sagt Anna. „Es scheint niemand an Bord zu sein."

„Lass uns docken," sagt Peter.

„Gute Idee," sagt Anna. Sie bereiten sich vor, zu docken.

Anna zieht ihren Raumanzug an. Peter überprüft die Geräte.

„Bist du bereit?" fragt Anna.

„Ja, ich bin bereit," sagt Peter.

Das deutsche Raumschiff dockt an. Es gibt ein lautes Geräusch.

„Alles in Ordnung?" fragt Peter.

„Ja, alles gut," sagt Anna. „Lass uns eintreten."

„Vorsichtig," sagt Peter.

„Natürlich," antwortet Anna. Sie sind bereit, das alte Raumschiff zu betreten.

- alt - old
- bereit - ready
- das Geräusch - noise
- docken - to dock
- fliegen - to fly
- groß - big
- kaputt - broken
- der Raumanzug - spacesuit
- die Schäden - damages
- vorsichtig - careful

Das Dunkle Schiff

Anna öffnet die Tür. Alles ist dunkel.

„Es gibt keinen Strom," sagt Anna.

„Ich habe eine Taschenlampe," sagt Peter. Er schaltet die Taschenlampe ein.

„Okay, gut," sagt Anna. „Lass uns gehen."

Sie gehen langsam voran. Es ist sehr still.

„Die Wände sind kalt," sagt Anna und berührt die Wand.

„Ja, sehr kalt," sagt Peter. „Und es gibt keine Geräusche."

„Schau, da sind viele Maschinen," sagt Anna.

„Ja, aber alles ist alt und kaputt," sagt Peter.

„Hier ist ein altes Buch," sagt Anna. „Ich kann die Schrift nicht lesen."

„Ich habe alte Werkzeuge gefunden," sagt Peter. „Es ist sehr unheimlich hier."

„Ja, sehr unheimlich," sagt Anna. „Was sollen wir tun?"

„Lass uns tiefer ins Schiff gehen," sagt Peter.

„Bist du sicher?" fragt Anna.

„Ja, ich bin sicher," antwortet Peter.

„Okay," sagt Anna. Sie gehen tiefer ins Schiff.

„Pass auf," sagt Peter.

„Ja, ich passe auf," sagt Anna.

Es ist sehr dunkel und still. Anna und Peter sind vorsichtig.

- alt - old
- berühren - to touch
- dunkel - dark
- das Geräusch - noise
- kalt - cold
- die Maschine - machine
- der Strom - electricity
- die Taschenlampe - flashlight
- unheimlich - eerie
- vorsichtig - careful

Die Entdeckung

Anna und Peter gehen tiefer ins Schiff. Sie finden einen Raum.

"Schau, da ist ein Raum," sagt Anna.

"Lass uns hineingehen," sagt Peter.

Sie gehen in den Raum. Dort sind viele tote Körper.

"Oh nein! Das sind tote Körper!" ruft Anna.

"Ja, das sind Körper von Außerirdischen," sagt Peter.

Anna ist sehr erschrocken. "Das ist unheimlich," sagt sie.

"Ich werde die Körper untersuchen," sagt Peter.

Peter untersucht die Körper. "Es gibt keine Lebenszeichen," sagt er.

Plötzlich hören sie ein Geräusch. "Hast du das gehört?" fragt Anna.

"Ja, es kommt von hinten," sagt Peter.

Anna und Peter drehen sich um. Etwas bewegt sich im Dunkeln.

"Ich habe Angst," sagt Anna.

"Ich auch," sagt Peter.

"Ich will zurück zum deutschen Schiff," sagt Anna.

"Nein, wir müssen weiterforschen," sagt Peter.

Das Geräusch wird lauter. "Wir haben keine Zeit," sagt Anna.

"Wir müssen schnell entscheiden," sagt Peter.

"Okay, wir gehen zurück," sagt Anna.

"Einverstanden," sagt Peter. Sie laufen schnell zurück zum deutschen Schiff.

- der Außerirdische - alien
- entscheiden - to decide
- erschrocken - frightened
- forschen - to research
- der Körper - body
- das Lebenszeichen - sign of life
- das Schiff - ship
- der Raum - room
- die Richtung - direction
- untersuchen - to examine

Die Flucht

Etwas jagt Anna und Peter. Sie rennen.

„Renn!" ruft Anna.

„Ich renne!" sagt Peter.

Es ist sehr dunkel. Sie hören schnelle Schritte.

„Was ist das?" fragt Anna.

„Ich weiß nicht," sagt Peter.

Anna schreit. „Schnell, schneller!"

Peter fällt hin. „Aua!" ruft er.

Anna hilft Peter auf. „Bist du okay?" fragt sie.

„Ja, lass uns weiterlaufen," sagt Peter.

Sie laufen weiter. Das Ding kommt näher.

„Es ist zu nah!" sagt Anna.

Peter bleibt zurück. „Lauf weiter, Anna!" ruft er.

„Nein, komm mit!" sagt Anna.

„Ich kann nicht," sagt Peter. „Lauf!"

Anna erreicht das deutsche Schiff. Sie schließt die Tür.

„Peter?" ruft sie. Aber Peter schafft es nicht.

Anna ist allein und traurig. „Was soll ich jetzt tun?" fragt sie leise.

- allein - alone
- das Ding - thing
- dunkel - dark
- die Schritte - steps
- helfen - to help
- jagen - to chase
- laufen - to run
- nah - near
- rennen - to run
- traurig - sad

Das Ende der Nacht

Berlin bei Nacht

Das Ende der Nacht

Berlin bei Nacht

Es ist Nacht in Berlin. Die Stadt ist beleuchtet. Menschen sind auf den Straßen.

„Es ist eine schöne Nacht," sagt Anna.

„Ja, sehr schön," antwortet Max.

Sie lachen und sind glücklich. Kinder spielen im Park. Restaurants sind voll.

„Schau, wie viele Leute hier sind," sagt Anna.

„Ja, es ist viel los," sagt Max.

Ein junges Paar geht spazieren. Sie halten sich an den Händen. Sie reden und lachen.

„Was möchtest du morgen machen?" fragt Anna.

„Ich weiß noch nicht. Vielleicht ins Kino?" antwortet Max.

Autos fahren ruhig vorbei. Es gibt keine Probleme.

„Der Himmel ist so klar heute," sagt Anna.

„Ja, und die Sterne leuchten hell," sagt Max.

Alles ist normal. Die Nacht ist friedlich.

- beleuchtet - illuminated
- der Himmel - sky
- das Kino - cinema
- klar - clear

- leuchten - to shine
- die Nacht - night
- ruhig - calm
- der Stern - star
- voll - full
- das Paar - couple

Objekte am Himmel

Plötzlich erscheinen Objekte am Himmel. Die Menschen schauen nach oben.

„Was ist das?" fragt jemand.

Es sind viele Lichter. Die Lichter kommen näher.

„Das sind keine Sterne," sagt ein Mann.

„Es sind Raumschiffe," ruft ein Kind.

Eine Alien-Armada erscheint. Die Menschen sind erschrocken.

„Schau, Max!" sagt Anna. „Was ist das?"

Max schaut in den Himmel. „Das sind Aliens," sagt er leise.

„Sind das wirklich Aliens?" fragt Anna.

„Ich glaube ja," antwortet Max.

Die Raumschiffe sind groß. Sie schweben über der Stadt.

„Was sollen wir tun?" fragt Anna.

„Ich weiß es nicht," sagt Max. „Es ist sehr unheimlich."

Alle sind sehr ängstlich. Die Menschen laufen in alle Richtungen.

„Wir müssen irgendwohin gehen," sagt Anna.

„Ja, aber wohin?" fragt Max. „Die Raumschiffe sind überall."

Anna und Max halten sich an den Händen. Sie wissen nicht, was sie tun sollen.

„Bleib bei mir," sagt Max.

„Ja, ich bleibe bei dir," antwortet Anna.

- die Alien-Armada - alien armada
- die Angst - fear
- erscheinen - to appear
- das Licht - light
- die Richtung - direction
- das Raumschiff - spaceship
- schweben - to hover
- plötzlich - suddenly
- unheimlich - eerie
- wohin - where to

Die Alien-Invasion beginnt

Die Aliens greifen an. Es gibt Explosionen.

„Hörst du das?" fragt Anna.

„Ja, es ist schrecklich," antwortet Max.

Häuser werden zerstört. Die Menschen rennen in Panik.

„Wir müssen hier weg!" ruft Max.

Das Militär kommt. Soldaten kämpfen gegen die Aliens.

„Schau, das Militär ist da," sagt Anna.

„Aber die Aliens sind stark," sagt Max.

Die Militärkräfte werden dezimiert. Das junge Paar versteckt sich.

„Wo sollen wir hin?" fragt Anna.

„Ich weiß nicht, aber wir müssen weg!" sagt Max.

Die Aliens schießen mit Laserwaffen. Es gibt viel Rauch.

„Ich kann nichts sehen," sagt Anna.

„Bleib bei mir," sagt Max.

Die Stadt brennt. Menschen schreien und weinen.

„Es ist so schrecklich," sagt Anna.

„Ja, die Invasion ist furchtbar," sagt Max.

„Wir müssen überleben," sagt Anna.

„Ja, wir müssen stark sein," sagt Max.

- angreifen - to attack
- das Feuer - fire
- furchtbar - terrible
- der Kampf - fight
- der Laser - laser
- das Militär - military
- die Panik - panic
- der Rauch - smoke
- stark - strong
- überleben - to survive

Nukleare Schläge

Weltführer sind verzweifelt. Sie geben den Befehl zum Nuklearschlag.

„Was machen sie jetzt?" fragt Anna.

„Sie feuern Raketen ab," sagt Max.

Raketen werden abgefeuert. Die Raketen fliegen in den Himmel.

„Ich hoffe, das hilft," sagt Anna.

„Ja, wir müssen hoffen," sagt Max.

Die Raketen treffen die Aliens. Es gibt große Explosionen.

„Schau, sie treffen die Schiffe!" ruft Anna.

Die Hoffnung wächst. Doch es hilft nicht.

„Nein, die Aliens sind nicht besiegt," sagt Max.

Ihre Schiffe sind unbeschädigt. Die Menschen sind schockiert.

„Was können wir tun?" fragt ein Mann.

Es gibt keine Antwort. Die Verzweiflung wächst.

„Wir sind verloren," sagt eine Frau.

„Nein, wir müssen kämpfen," sagt Max.

„Aber wie?" fragt Anna.

„Wir müssen einen Weg finden," sagt Max.

„Ja, wir dürfen nicht aufgeben," sagt Anna.

- abfeuern - to launch
- die Explosion - explosion
- die Hoffnung - hope
- der Kampf - fight
- der Nuklearschlag - nuclear strike
- die Rakete - rocket
- die Schiffe - ships
- unbeschädigt - undamaged
- verzweifelt - desperate
- wachsen - to grow

Berlin und andere Städte zerstört

Berlin wird zerstört. Gebäude fallen ein. Straßen sind in Trümmern.

„Schau dir das an," sagt Anna. „Alles ist kaputt."

„Ja, es ist schrecklich," antwortet Max.

Andere Städte werden auch zerstört. Die Aliens greifen überall an.

„Es gibt keinen sicheren Ort," sagt Anna.

„Wir müssen Schutz suchen," sagt Max.

Menschen suchen Schutz. Das junge Paar rennt weg.

„Wir müssen überleben," sagt Max.

„Aber wohin?" fragt Anna.

„Ich weiß nicht, aber wir müssen laufen," sagt Max.

Sie laufen durch die Straßen. Überall sind Zerstörung und Chaos.

„Alles brennt," sagt Anna. „Die Nacht ist voller Feuer."

„Ja, die Städte sind nicht mehr sicher," sagt Max.

„Was sollen wir tun?" fragt Anna.

„Es gibt keinen Schutz mehr," sagt Max.

„Die Zerstörung ist total," sagt Anna traurig.

„Wir dürfen nicht aufgeben," sagt Max. „Wir müssen weitergehen."

„Ja, du hast recht," sagt Anna.

- brennen - to burn

* das Chaos - chaos
* der Feuer - fire
* kaputt - broken
* laufen - to run
* der Schutz - shelter
* die Stadt - city
* die Trümmer - debris
* die Zerstörung - destruction
* der Ort - place

Flucht aufs Land

Überlebende fliehen aufs Land. Sie hoffen auf Sicherheit.

„Vielleicht sind wir hier sicher," sagt Anna.

„Ich hoffe es," sagt Max.

Die Aliens jagen sie. Das junge Paar findet eine Gruppe.

„Kommt mit uns," sagt ein Mann.

„Danke," sagt Max. Sie laufen durch Wälder.

„Die Aliens sind überall," sagt Anna.

„Ja, wir müssen vorsichtig sein," sagt Max.

Sie verstecken sich in Häusern. „Wir müssen leise sein," sagt eine Frau.

„Ja, keine Geräusche," sagt Max.

Sie hören Schritte. „Hörst du das?" fragt Anna.

„Ja, die Aliens suchen nach Menschen," sagt Max.

Jeder ist still. Ein Baby weint.

„Scht, sei ruhig," flüstert die Mutter.

Die Angst ist groß. „Was sollen wir tun?" fragt Anna.

„Wir müssen warten," sagt Max.

„Ich habe Angst," sagt Anna.

„Ich auch," sagt Max. „Aber wir müssen stark sein."

„Ja, du hast recht," sagt Anna. „Wir müssen überleben."

- die Angst - fear
- das Baby - baby
- flüstern - to whisper
- jagen - to chase
- das Land - countryside
- leise - quiet
- das Geräusch - noise
- der Schritt - step
- der Wald - forest
- warten - to wait

Verstecken in Bergen und Höhlen

Einige Überlebende verstecken sich in den Bergen. Sie finden Höhlen.

„Hier sind wir sicher," sagt ein Mann.

„Ich hoffe, du hast recht," sagt eine Frau.

Sie haben wenig Essen. Es ist kalt in den Höhlen.

„Mir ist kalt," sagt Anna.

„Wir machen ein kleines Feuer," sagt Max.

Das junge Paar ist auch da. „Wir haben es geschafft," sagt Max.

„Aber was jetzt?" fragt Anna.

„Ich weiß es nicht," sagt Max.

Sie hören draußen Geräusche. „Hörst du das?" fragt Anna.

„Ja, die Aliens sind nah," sagt ein Kind.

Alle sind still. „Kein Geräusch," sagt der Mann.

„Wir müssen überleben," sagt eine alte Frau.

„Ja, aber wie?" fragt Anna.

„Wir müssen stark sein," sagt Max.

Die Hoffnung ist klein. „Ich habe Angst," sagt das Kind.

„Ich auch," sagt die Mutter. „Aber wir sind zusammen."

Die Menschheit ist am Ende. „Vielleicht finden wir einen Weg," sagt Anna.

„Ja, wir dürfen nicht aufgeben," sagt Max.

„Ich hoffe, du hast recht," sagt Anna.

„Wir werden überleben," sagt Max.

- alt - old
- die Berge - mountains
- die Höhle - cave
- das Feuer - fire
- klein - small
- das Geräusch - noise
- nah - near
- sicher - safe
- stark - strong
- das Überleben - survival

Das Verborgene Geheimnis

Das Leben in Berlin

Anna lebt in Berlin in der Zukunft. Das Leben ist perfekt. Berlin ist eine Utopie.

„Es ist so schön hier," sagt Anna.

„Ja, das Leben ist wunderbar," antwortet ihre Freundin Mia.

Alle Menschen sind glücklich. Die Straßen sind sauber. Die Luft ist frisch.

„Schau, wie sauber die Straßen sind," sagt Anna.

„Ja, und die Luft ist so frisch," sagt Mia.

Es gibt keine Kriminalität. Menschen lachen immer. Jeder lächelt.

„Die Menschen hier sind immer glücklich," sagt Anna.

„Das stimmt. Jeder lächelt," sagt Mia.

Anna hat viele Freunde. Sie hat einen guten Job. Sie lebt in einer schönen Wohnung.

„Ich liebe meine Wohnung," sagt Anna.

„Sie ist wirklich schön," sagt Mia.

Das Essen ist gesund. Es gibt viele Parks.

„Lass uns in den Park gehen," sagt Anna.

„Gute Idee! Das Wetter ist perfekt," sagt Mia.

Das Leben ist wunderbar. Anna und Mia gehen durch die Stadt und genießen den Tag.

„Ich bin so glücklich hier," sagt Anna.

„Ich auch, Berlin ist perfekt," antwortet Mia.

Sie setzen sich auf eine Bank im Park und schauen sich um. Alles ist ruhig und friedlich.

„Was für ein schöner Tag," sagt Anna.

„Ja, ich könnte für immer hier bleiben," sagt Mia und lächelt.

- die Bank - bench
- die Zukunft - future
- genießen - to enjoy
- gesund - healthy
- glücklich - happy
- die Kriminalität - crime
- ruhig - calm
- sauber - clean
- die Utopie - utopia
- wunderbar - wonderful

Die Entdeckung

Eines Tages entdeckt Anna etwas. Sie sieht eine seltsame Nachricht.

„Was ist das?" fragt Anna und schaut genauer hin.

Die Nachricht ist geheim. Sie liest die Nachricht.

„Maschinen regieren das Land," steht dort geschrieben. Anna ist schockiert.

„Das kann nicht wahr sein," sagt sie laut. Sie denkt nach.

„Ist das wahr?" fragt sie sich selbst. Sie schaut die Wahlen im Fernsehen.

Es sieht echt aus. Politiker sprechen und Menschen klatschen.

„Aber... es fühlt sich falsch an," denkt Anna.

Anna hat Zweifel. „Ich muss mehr herausfinden,“ sagt sie entschlossen.

Sie beginnt zu recherchieren. Sie liest alte Zeitungen und Bücher.

„Vielleicht finde ich hier Antworten,“ denkt Anna.

Sie findet viele Informationen. Die Maschinen kontrollieren alles.

Anna ist neugierig und will die Wahrheit wissen. „Ich darf nicht aufgeben,“ sagt sie sich.

Sie macht weiter mit ihrer Suche. „Ich werde die Wahrheit finden,“ flüstert Anna.

- aufgeben - to give up
- entdecken - to discover
- geheim - secret
- klatschen - to clap
- neugierig - curious
- die Nachricht - message
- regieren - to govern
- recherchieren - to research
- die Wahrheit - truth
- die Zweifel - doubts

Die Untersuchung

Anna untersucht weiter. Sie spricht mit Freunden.

„Habt ihr etwas Seltsames bemerkt?“ fragt Anna.

Einige Freunde wissen nichts. „Nein, alles ist normal,“ sagt Lisa.

Andere sind auch neugierig. „Ich habe auch etwas gehört,“ sagt Paul.

Anna findet alte Zeitungen. Die Zeitungen zeigen eine andere Geschichte.

„Warum erzählen sie uns das nicht?" fragt Anna.

„Das ist seltsam," sagt Paul.

„Ich werde mehr herausfinden," sagt Anna.

Sie besucht Bibliotheken. Sie findet geheime Bücher.

„Schau mal, diese Bücher sprechen von Maschinen," sagt Anna.

„Was steht da?" fragt Paul.

„Die Maschinen regieren das Land," liest Anna vor. Anna ist verwirrt.

„Warum wissen wir das nicht?" fragt Lisa.

Anna will die Wahrheit wissen. „Ich muss vorsichtig sein," denkt sie.

„Erzähle es niemandem," sagt Paul.

„Ja, ich sage es niemandem," antwortet Anna. Sie hat Angst, aber sie gibt nicht auf.

„Ich werde die Wahrheit finden," sagt Anna entschlossen.

- bemerken - to notice
- die Bibliothek - library
- entschlossen - determined
- finden - to find
- fragen - to ask
- neugierig - curious
- die Geschichte - story
- seltsam - strange
- die Untersuchung - investigation
- vorsichtig - careful

Die Gefahr

Anna merkt, dass sie in Gefahr ist. Sie wird verfolgt.

„Wer sind diese Leute?" fragt Anna sich selbst.

Sie versteckt sich hinter einer Mauer. Sie findet geheime Orte.

„Ich muss sehr vorsichtig sein," denkt Anna.

Sie spricht mit Fremden. Einige Fremde wissen mehr.

„Was wisst ihr über die Maschinen?" fragt Anna.

„Menschen verschwinden einfach," sagen sie.

„Verschwinden? Warum?" fragt Anna.

„Wir wissen es nicht. Es ist gefährlich," sagt ein Mann.

Anna hat große Angst. Sie muss aufpassen.

„Ich darf nicht entdeckt werden," denkt sie.

Sie ist immer auf der Hut. Sie schaut sich ständig um.

Die Gefahr ist überall. Anna fühlt sich sehr allein.

„Was soll ich jetzt tun?" fragt sie sich.

„Sei stark, Anna," flüstert sie zu sich selbst.

Anna entscheidet, weiterzumachen. Sie muss die Wahrheit finden.

- die Angst - fear
- aufpassen - to be careful
- die Gefahr - danger
- gefährlich - dangerous
- geheim - secret
- der Fremde - stranger
- die Mauer - wall

- merken - to notice
- verschwinden - to disappear
- verfolgen - to pursue

Das Verschwinden

Einige ihrer Freunde verschwinden. Anna sucht nach ihnen.

„Wo seid ihr?" ruft Anna. Sie findet keine Spuren.

„Wo sind sie?" fragt sie sich.

Sie fühlt sich allein. Anna ist traurig.

„Ich vermisse euch," flüstert sie.

Die Stadt wirkt anders. Es gibt weniger Lächeln.

„Warum lächelt niemand mehr?" fragt Anna.

Die Menschen sind stiller. Anna hat Angst, dass sie die Nächste ist.

„Ich muss vorsichtig sein," denkt sie.

Sie versteckt ihre Notizen. „Niemand darf das finden," denkt sie.

Sie vertraut niemandem mehr. „Ich bin allein," sagt Anna.

Das Leben wird schwer. Anna kämpft jeden Tag.

„Ich gebe nicht auf," sagt Anna.

„Ich werde die Wahrheit finden," flüstert sie. Anna bleibt stark.

- allein - alone
- die Angst - fear
- kämpfen - to fight
- lächeln - to smile
- die Notizen - notes

- schwer - difficult
- suchen - to search
- traurig - sad
- vermissen - to miss
- verschwinden - to disappear

Kein Happy End

Anna entdeckt die Wahrheit. Maschinen regieren das Land.

„Die Wahlen sind gefälscht," flüstert Anna. „Die Regierung ist eine Lüge."

Anna ist entsetzt. „Was soll ich tun?" fragt sie sich.

Sie will es der Welt sagen. „Alle müssen die Wahrheit wissen," denkt sie.

Doch niemand hört ihr zu. „Bitte, hört mir zu!" ruft Anna.

Sie wird gefangen genommen. „Lasst mich frei!" schreit Anna.

Anna verschwindet auch. Ihre Freunde suchen sie.

„Wo ist Anna?" fragt Mia.

Sie finden nichts. „Wir können sie nicht finden," sagt Paul.

Die Stadt ist wieder ruhig. Menschen lächeln wieder.

„Aber es ist nicht echt," denkt Mia.

Es gibt kein Happy End. „Was ist wirklich passiert?" fragt Paul.

„Wir werden es nie wissen," sagt Mia traurig.

- entdecken - to discover
- entsetzt - horrified
- fälschen - to fake
- gefangen nehmen - to capture

- lächeln - to smile
- die Lüge - lie
- die Maschine - machine
- regieren - to govern
- die Wahrheit - truth
- die Wahlen - elections

Das Geheimnis des Fremden

Ankunft in München

Ein Alien namens Xylylo kommt nach München. Xylylo ist als Mensch verkleidet.

„Ich muss normal wirken," denkt Xylylo.

Er trägt einen Anzug und eine Krawatte. Er geht durch die Straßen von München.

Xylylo versteht vieles nicht. Er sieht ein Auto und denkt, es ist ein Tier.

„Was für ein seltsames Tier," murmelt Xylylo.

Die Leute schauen ihn seltsam an. Xylylo versucht, normal zu wirken.

„Ich muss mich anpassen," denkt er.

Er geht in ein Café. Xylylo bestellt einen Kaffee.

„Ein Kaffee, bitte," sagt Xylylo.

Die Kellnerin bringt den Kaffee. Xylylo trinkt den Kaffee mit dem Löffel.

Die Kellnerin lacht. „Was machen Sie da?" fragt sie.

Xylylo merkt, dass er etwas falsch gemacht hat. „Oh, Entschuldigung," sagt er.

Er nimmt die Tasse und trinkt richtig. Die Kellnerin lächelt.

„Alles in Ordnung," sagt sie.

Xylylo verlässt das Café. „Das war peinlich," denkt er.

Er geht weiter durch die Stadt. „Ich muss noch viel lernen," sagt Xylylo zu sich selbst.

- anpassen - to adapt
- der Anzug - suit
- das Café - café
- der Fremde - stranger
- das Geheimnis - secret
- lächeln - to smile
- peinlich - embarrassing
- die Straße - street
- das Tier - animal
- der Löffel - spoon

Der Alltag in München

Xylylo lebt jetzt in München. Er hat eine kleine Wohnung.

„Meine Wohnung ist gemütlich," denkt Xylylo.

Jeden Morgen geht er spazieren. Xylylo findet einen Park.

„Der Park ist schön," sagt Xylylo zu sich selbst.

Er setzt sich auf eine Bank. Er sieht Kinder spielen.

„Die Kinder sind so fröhlich," denkt Xylylo und lächelt.

Er versteht nicht, warum die Menschen so fröhlich sind. „Warum sind alle so glücklich?" fragt er sich.

Er versucht, die Menschen zu beobachten. Ein Hund kommt zu ihm.

Xylylo denkt, der Hund spricht. „Hallo," sagt Xylylo zum Hund.

Die Leute lachen. „Was ist los?" fragt Xylylo.

Ein Mann sagt: „Hunde können nicht sprechen."

Xylylo ist verwirrt. „Oh, das wusste ich nicht," sagt er.

Er steht auf und geht zurück zu seiner Wohnung. „Ich habe viel zu lernen," denkt Xylylo.

Er kommt zu Hause an. „Heute war ein seltsamer Tag," sagt Xylylo zu sich selbst.

- beobachten - to observe
- fröhlich - happy
- glücklich - happy
- die Kinder - children
- der Mann - man
- der Park - park
- der Spaziergang - walk
- verwirrt - confused
- die Wohnung - apartment
- zu Hause - at home

Die seltsamen Fehler

Xylylo macht viele Fehler. Er geht in einen Supermarkt.

„Ich brauche etwas zu trinken," denkt Xylylo.

Er nimmt ein Shampoo und trinkt es. Die Verkäuferin schreit.

„Was machen Sie?" ruft die Verkäuferin.

Xylylo merkt, dass es kein Getränk ist. „Oh nein, Entschuldigung!" sagt er.

Er entschuldigt sich und stellt das Shampoo zurück. Xylylo kauft Obst.

„Ich nehme diese Banane," sagt er zu sich selbst.

Er isst die Banane mit Schale. Die Menschen lachen wieder.

„Warum lachen sie?" fragt Xylylo.

Ein Mann sagt: „Du musst die Schale abmachen.“

Xylylo versteht nicht, was er falsch gemacht hat. „Ich muss das besser lernen,“ denkt er.

Er geht in ein Restaurant. „Ich hätte gerne eine Pizza,“ sagt Xylylo.

Der Kellner bringt die Pizza. Xylylo isst die Pizza mit der Verpackung.

Der Kellner ist schockiert. „Was machen Sie?“ fragt der Kellner.

„Oh, habe ich etwas falsch gemacht?“ fragt Xylylo.

„Ja, du musst die Verpackung wegmachen,“ sagt der Kellner.

Xylylo verlässt schnell das Restaurant. „Das war peinlich,“ denkt er.

- abmachen - to remove
- das Getränk - drink
- die Kellnerin - waitress
- das Restaurant - restaurant
- das Shampoo - shampoo
- die Verpackung - packaging
- der Verkäufer - salesman
- verlässt - leaves
- die Schale - peel
- das Obst - fruit

Der geheime Auftrag

Xylylo ist ein Spion. Er hat einen geheimen Auftrag.

„Ich muss Informationen sammeln,“ denkt Xylylo.

Er trifft sich mit anderen Aliens. „Wir planen eine Mission," sagt ein Alien.

Xylylo gibt vor, ein normaler Mensch zu sein. Er hört Gespräche der Menschen.

„Sie sprechen über Politik," denkt Xylylo und schreibt alles auf.

Er schickt Berichte an sein Raumschiff. „Hier sind meine Informationen," schreibt Xylylo.

Er sammelt viele Informationen. „Das ist wichtig für unsere Mission," denkt er.

Xylylo ist nervös. „Ich muss vorsichtig sein," sagt er sich.

Niemand darf seine wahre Identität kennen. „Sie dürfen nicht wissen, dass ich ein Alien bin," denkt er.

Xylylo hat Angst, entdeckt zu werden. „Was, wenn sie mich finden?" fragt er sich.

Er bleibt konzentriert. „Ich darf keinen Fehler machen," denkt Xylylo.

„Wir müssen erfolgreich sein," sagt ein Alien zu Xylylo.

„Ja, ich werde mein Bestes tun," antwortet Xylylo.

Er arbeitet weiter und sammelt mehr Informationen. „Unsere Mission ist wichtig," denkt Xylylo.

- der Alien - alien
- die Angst - fear
- der Auftrag - mission
- erfolgreich - successful
- die Informationen - information
- konzentriert - focused
- der Mensch - human

- die Mission - mission
- nervös - nervous
- der Spion - spy

Die Enthüllung

Xylylo macht einen großen Fehler. Er spricht in seiner Aliensprache.

Ein Mann hört ihn. „Wer bist du?" fragt der Mann.

Xylylo versucht zu fliehen. „Ich muss weg!" denkt Xylylo.

Der Mann folgt ihm. „Bleib stehen!" ruft der Mann.

Xylylo versteckt sich hinter einem Baum. „Ich darf nicht gefunden werden," denkt er.

Doch er wird gefunden. „Da bist du!" sagt der Mann.

Der Mann ruft die Polizei. „Hilfe, hier ist ein seltsamer Mann!" ruft er.

Xylylo wird verhaftet. „Komm mit uns," sagt der Polizist.

Seine wahre Identität wird entdeckt. „Er ist ein Alien!" ruft ein Kind.

Die Menschen sind schockiert. „Ein Alien in München?" fragen sie.

Xylylo wird ins Gefängnis gebracht. „Deine Mission ist vorbei," sagt der Polizist.

Seine Mission ist gescheitert. Xylylo ist traurig.

„Ich habe alles falsch gemacht," denkt er.

Er sitzt allein in seiner Zelle. „Was wird jetzt passieren?" fragt sich Xylylo.

- der Alien - alien
- der Baum - tree
- die Gefängnis - prison
- die Identität - identity
- der Mann - man
- die Mission - mission
- die Polizei - police
- der Polizist - policeman
- die Sprache - language
- verhaften - to arrest

Das Geheimnis der Mars-Höhle

Die Mission zum Mars

Fünf deutsche Astronauten fliegen zum Mars. Sie heißen Anna, Ben, Clara, David und Elias. Ihr Raumschiff heißt „Hoffnung".

„Wir sind bald da," sagt Anna.

„Ja, ich sehe schon den Mars," antwortet Ben. Sie haben Essen und Wasser für ein Jahr dabei. Der Flug dauert sechs Monate.

„Schaut, so viele Sterne," sagt Clara und zeigt aus dem Fenster.

„Wunderschön," meint David. Der Mars ist rot und staubig. Die Astronauten sind aufgeregt. Sie tragen spezielle Anzüge.

„Zeit für die Landung," sagt Elias nervös. Die Landung auf dem Mars ist schwierig. „Hoffnung" landet sicher auf dem Mars.

„Wir haben es geschafft!" ruft Anna.

Die Astronauten jubeln. Sie verlassen das Raumschiff.

„Der Boden ist so hart und kalt," sagt Clara.

„Ja, wir müssen ein Lager aufbauen," antwortet Ben. Sie bauen ein Lager auf.

- aufbauen - to build
- aufgeregt - excited
- der Boden - ground
- das Lager - camp
- der Mars - Mars
- die Mission - mission
- der Raumschiff - spaceship
- die Sterne - stars
- die Landung - landing
- wunderschön - beautiful

Entdeckung eines Geheimnisses

Anna geht spazieren und findet eine seltsame Höhle. „Kommt her! Schaut euch das an!" ruft sie.

Ben und Clara kommen schnell. „Was hast du gefunden?" fragt Ben.

„Eine Höhle. Sie ist groß und dunkel," sagt Anna.

„Wir müssen sie untersuchen," sagt Clara entschlossen. Ben und Clara gehen in die Höhle.

„Es ist so dunkel hier," sagt Ben. Sie benutzen ihre Taschenlampen. An den Wänden finden sie alte Zeichnungen.

„Was sind das für Zeichnungen?" fragt Clara.

„Das sind fremde Wesen," antwortet Ben.

David kommt dazu und sagt: „Schaut mal! Hier ist eine Tür."

„Wo?" fragt Anna.

„Hier, hinter den Felsen. Die Tür ist aus Metall," erklärt David.

„Ich öffne die Tür," sagt Elias vorsichtig. Er drückt gegen die Tür und sie öffnet sich langsam.

„Was ist dahinter?" fragt Clara neugierig.

„Ein langer Tunnel," antwortet Elias. „Er führt tief in den Marsboden."

„Wir müssen den Tunnel erkunden," sagt Anna. Die Astronauten gehen den Tunnel entlang.

„Es wird immer dunkler," sagt Ben. Sie benutzen wieder ihre Taschenlampen.

„Der Tunnel ist sehr lang," meint David. Schließlich führt der Tunnel zu einer großen Halle.

„Wow, schaut euch das an!" ruft Clara. Die Halle ist voll mit seltsamen Maschinen.

„Was sind das für Maschinen?" fragt Ben.

„Ich weiß es nicht," sagt Elias. „Aber wir müssen sie untersuchen."

* benutzen - to use
* die Felsen - rocks
* der Höhle - cave
* die Maschinen - machines
* das Metall - metal
* der Tunnel - tunnel
* die Taschenlampe - flashlight
* untersuchen - to investigate
* die Wände - walls
* die Zeichnungen - drawings

Die unterirdische Welt

Die Astronauten staunen über die Maschinen. „Wow, das ist unglaublich," sagt Anna.

„Ja, was für seltsame Geräte," meint Ben.

Anna entdeckt ein altes Steuerpult. „Schaut mal, was ich gefunden habe," sagt sie.

„Was ist das?" fragt Clara.

„Ich glaube, es ist ein Steuerpult," sagt Anna. Ben drückt einen Knopf.

Plötzlich erwachen die Maschinen zum Leben. „Was passiert jetzt?" fragt David.

„Die Lichter blinken überall," sagt Elias erstaunt.

Clara findet ein altes Buch. „Seht mal, ein Buch!“ sagt sie.

„Was steht drin?“ fragt Anna.

„Es ist in einer fremden Sprache,“ antwortet Clara. David entdeckt ein Modell vom Mars.

„Hier, ein Modell vom Mars,“ sagt David.

„Das Modell zeigt unterirdische Städte,“ sagt Elias. „Schaut mal hier.“

Elias findet eine Karte. „Diese Karte zeigt den Weg zu einer Stadt,“ erklärt er.

„Dann folgen wir der Karte,“ sagt Anna. Die Astronauten folgen der Karte.

Sie betreten eine riesige Höhle. „Was für eine große Höhle,“ sagt Ben.

„Und schaut, dort ist eine Stadt,“ sagt Clara.

„Die Stadt ist verlassen und still,“ sagt David leise.

„Es ist so unheimlich hier,“ meint Elias.

„Wir müssen die Stadt erkunden,“ sagt Anna entschlossen.

- die Geräte - devices
- die Höhle - cave
- die Karte - map
- die Lichter - lights
- das Modell - model
- die Sprache - language
- das Steuerpult - control panel
- die Stadt - city
- unterirdisch - underground
- verlassen - abandoned

Geheimnisse der Aliens

Die Stadt hat hohe Gebäude. „Schaut, wie groß die Gebäude sind," sagt Ben.

„Ja, das ist beeindruckend," meint Clara.

Anna findet ein Labor. „Kommt schnell, ich habe etwas gefunden," ruft sie.

„Was ist es?" fragt David.

„Ein Labor, es ist voller Geräte," sagt Anna. Ben entdeckt fremde Schriftrollen.

„Seht mal, hier sind Schriftrollen," sagt Ben.

„Lass mich die untersuchen," sagt Clara. Clara untersucht die Schriftrollen.

„Was steht drauf?" fragt Elias.

„Die Schriftrollen erzählen von einer Katastrophe," erklärt Clara.

David findet alte Fotos. „Hier sind alte Fotos," sagt David.

„Was zeigen die Fotos?" fragt Anna.

„Sie zeigen fremde Wesen," sagt David.

Elias entdeckt eine seltsame Maschine. „Was ist das?" fragt Elias und zeigt auf eine Maschine.

„Die Maschine leuchtet blau," sagt Anna.

„Ich berühre sie," sagt Anna mutig. Plötzlich erscheint ein Hologramm.

„Was ist das?" fragt Clara erschrocken.

„Es ist ein Hologramm," sagt Ben. Das Hologramm spricht eine fremde Sprache.

„Wir verstehen nur wenig," sagt David.

„Aber es scheint, dass das Hologramm vor einer Gefahr warnt,"
sagt Elias.

„Wir müssen herausfinden, was es bedeutet," sagt Anna
entschlossen.

- die Gebäude - buildings
- die Gefahr - danger
- die Geräte - devices
- das Hologramm - hologram
- die Katastrophe - catastrophe
- leuchten - to shine
- das Labor - laboratory
- mutig - brave
- die Schriftrollen - scrolls
- untersuchen - to examine

Keine Rückkehr

Die Astronauten sind besorgt. „Was machen wir jetzt?" fragt
Clara.

Anna versucht, das Hologramm zu befragen. „Was ist passiert?"
fragt sie das Hologramm.

Das Hologramm zeigt eine Explosion. „Schaut, eine Explosion!"
ruft Ben.

„Ich kann es übersetzen," sagt Ben. „Die Aliens wurden von einer
Macht zerstört."

Clara findet Hinweise auf eine Waffe. „Hier steht etwas über eine
Waffe," sagt sie.

David entdeckt eine zerstörte Brücke. „Die Brücke ist zerstört,“ sagt er.

Elias merkt, dass sie nicht zurück können. „Wir sind gefangen,“ sagt Elias traurig.

„Die Tunnel sind eingestürzt,“ sagt Ben.

Die Astronauten haben wenig Hoffnung. „Was sollen wir tun?“ fragt Clara.

Anna versucht, das Raumschiff zu erreichen. „Ich rufe das Raumschiff,“ sagt sie.

Der Funkkontakt ist tot. „Kein Signal,“ sagt Anna verzweifelt.

Ben findet einen Notausgang. „Hier ist ein Notausgang,“ ruft er.

Der Ausgang ist blockiert. „Wir kommen nicht durch,“ sagt Elias.

Die Astronauten bleiben im Untergrund gefangen. „Wir sind hier gefangen,“ sagt David leise.

„Wir müssen einen Weg finden,“ sagt Anna, aber sie klingt nicht sehr überzeugt.

- besorgt - worried
- die Brücke - bridge
- der Funkkontakt - radio contact
- die Hoffnung - hope
- die Macht - power
- der Notausgang - emergency exit
- überzeugt - convinced
- verzweifelt - desperate
- die Waffe - weapon
- die Zerstörung - destruction

Das Geheimnis des schwarzen Lochs

Die Entdeckung des schwarzen Lochs

Eine Gruppe von Astronauten fliegt im Raumschiff „Palomino". Sie sind auf einer Forschungsmission.

„Schaut mal, da ist etwas Großes," sagt Anna.

„Was ist es?" fragt Ben.

„Es ist ein schwarzes Loch," antwortet Clara.

„Das schwarze Loch ist riesig," sagt David. Neben dem schwarzen Loch ist ein großes Raumschiff.

„Das Raumschiff heißt ‚Cygnus'," sagt Elias und liest den Namen.

„‚Cygnus' scheint verlassen zu sein," meint Anna.

Die Astronauten beschließen, es zu untersuchen.

„Wir landen auf der ‚Cygnus'," sagt Captain Holland.

Sie landen auf der „Cygnus". Das Innere der „Cygnus" ist dunkel.

„Es ist so dunkel hier," sagt Clara.

Die Astronauten sind vorsichtig. „Hallo? Ist jemand da?" ruft Ben.

Sie rufen, aber niemand antwortet.

Plötzlich erscheinen Roboter.

„Wer seid ihr?" fragt Elias.

Die Roboter führen die Astronauten zu einem Mann. „Ich bin Dr. Reinhardt," sagt der Mann.

„Warum seid ihr hier?" fragt Dr. Reinhardt neugierig.

- erscheinen - to appear
- das Forschungsmission - research mission
- das Innere - interior
- landen - to land
- das Raumschiff - spaceship
- riesig - huge
- der Roboter - robot
- die Gruppe - group
- verlassen - abandoned
- vorsichtig - careful

Dr. Reinhardts Plan

Dr. Reinhardt begrüßt die Astronauten. „Willkommen auf der ‚Cygnus‘,“ sagt er freundlich.

„Danke,“ sagt Anna. „Sind Sie allein hier?“

„Ja, ich bin der einzige Mensch auf der ‚Cygnus‘,“ antwortet Dr. Reinhardt.

„Wo sind die anderen Menschen?“ fragt Ben.

„Sie sind verschwunden,“ sagt Dr. Reinhardt ernst.

„Was ist Ihr Plan?“ fragt Captain Holland.

„Ich will in das schwarze Loch fliegen,“ erklärt Dr. Reinhardt.

Die Astronauten sind schockiert. „Das ist sehr gefährlich,“ sagt Captain Holland.

„Ich bin überzeugt, dass es möglich ist,“ sagt Dr. Reinhardt. Er zeigt ihnen seine Forschung.

„Diese Forschung ist erstaunlich,“ sagt Clara.

Dr. Reinhardt hat viele Roboter. „Die Roboter helfen mir bei der Arbeit,“ erklärt er.

„Aber ist das sicher?" fragt David skeptisch.

„Ja, es ist sicher," sagt Dr. Reinhardt bestimmt.

Die Astronauten sind skeptisch. „Wir müssen mehr herausfinden," sagt Dr. Kate leise zu den anderen.

„Dürfen wir die ‚Cygnus' genauer untersuchen?" fragt Captain Holland.

„Ja, ihr dürft," sagt Dr. Reinhardt. „Aber seid vorsichtig."

- allein - alone
- erstaunlich - amazing
- fliegen - to fly
- die Forschung - research
- freundlich - friendly
- gefährlich - dangerous
- genau - precise
- der Plan - plan
- skeptisch - skeptical
- verschwunden - disappeared

Die Entdeckung der Wahrheit

Die Astronauten teilen sich auf. „Wir müssen die ‚Cygnus' erkunden," sagt Captain Holland.

„Ich gehe nach links," sagt Anna.

„Ich gehe nach rechts," sagt Ben.

„Ich gehe mit Vincent," sagt Clara. Vincent, der Roboter, hilft ihnen.

„Schaut, das ist seltsam," sagt Vincent und zeigt auf einige alte Aufzeichnungen.

„Was sind das für Aufzeichnungen?" fragt Clara.

„Sie zeigen, dass die Crew verschwunden ist," sagt Vincent.

Dr. Kate untersucht die Roboter. „Diese Roboter sehen seltsam aus," sagt sie.

„Warum?" fragt David.

„Weil sie früher Menschen waren," antwortet Dr. Kate.

„Was? Die Menschen wurden zu Robotern gemacht?" fragt Anna schockiert.

„Ja, Dr. Reinhardt hat sie verändert," erklärt Dr. Kate.

„Dr. Reinhardt ist gefährlich," sagt Captain Holland.

„Wir müssen fliehen," sagt Ben.

Vincent warnt sie: „Dr. Reinhardt wird euch aufhalten wollen."

„Wir planen unsere Flucht," sagt David.

„Wir müssen schnell sein," sagt Captain Holland. Sie bereiten das Raumschiff „Palomino" vor.

„Sind alle bereit?" fragt Captain Holland.

„Ja, wir sind bereit," antworten die Astronauten.

- aufhalten - to stop
- aufteilen - to split up
- bereit - ready
- die Crew - crew
- erkunden - to explore
- fliehen - to flee
- die Flucht - escape
- seltsam - strange
- verändern - to change

- warnen - to warn

Der Kampf um die Flucht

Dr. Reinhardt entdeckt ihren Plan. „Sie wollen fliehen!" ruft er
wütend.

Er befiehlt den Robotern, die Astronauten aufzuhalten. „Haltet sie
auf!" sagt Dr. Reinhardt.

Ein Kampf beginnt. Vincent kämpft gegen die Roboter. „Ich
werde euch schützen," sagt Vincent mutig.

Captain Holland hilft ihm. „Lass uns zusammen kämpfen," sagt
er.

Dr. Kate und Charles laufen zum Raumschiff. „Wir müssen die
Türen öffnen," sagt Dr. Kate.

Sie öffnen die Türen der „Palomino". Ein Roboter greift sie an.

„Pass auf!" ruft Charles. Vincent rettet Dr. Kate.

„Danke, Vincent," sagt Dr. Kate erleichtert.

Captain Holland ruft: „Alle einsteigen!"

Die Astronauten eilen ins Raumschiff. „Beeilt euch!" sagt Ben.

Dr. Reinhardt versucht, sie zu stoppen. „Ihr werdet nicht
entkommen!" schreit er und schießt auf das Raumschiff.

„Schnell, startet die ‚Palomino'," sagt Anna nervös.

Sie starten die „Palomino" schnell. Die Motoren brummen laut.

„Wir fliegen weg von der ‚Cygnus'," sagt Captain Holland. Sie
fliegen weg von der „Cygnus".

„Wir haben es geschafft!" ruft Clara erleichtert.

- aufhalten - to stop
- befehlen - to command
- erleichtert - relieved
- fliehen - to flee
- kämpfen - to fight
- mutig - brave
- retten - to save
- schießen - to shoot
- starten - to start
- wütend - angry

Der Flug durch das schwarze Loch

Das schwarze Loch zieht die „Palomino" an. „Wir können nicht entkommen," sagt Anna besorgt.

Die Astronauten können nicht entkommen. „Wir fliegen in das schwarze Loch," sagt Captain Holland.

Es ist sehr dunkel und gefährlich. „Es ist so dunkel," sagt Clara ängstlich.

Dr. Kate sagt: „Haltet euch fest!" Die „Palomino" wird durchgeschüttelt.

Die Astronauten sehen seltsame Lichter. „Was sind das für Lichter?" fragt Ben.

Vincent sagt: „Wir müssen stark bleiben." Die Zeit scheint sich zu verändern.

„Was passiert mit der Zeit?" fragt David verwirrt.

Captain Holland sieht fremde Welten. „Schaut, fremde Welten!" ruft er.

Sie fliegen durch ein Labyrinth aus Licht. „Es ist wie ein Traum," sagt Anna.

Plötzlich wird alles ruhig. „Alles ist ruhig," sagt Clara erstaunt.

Die „Palomino" verlässt das schwarze Loch. „Wir sind draußen," sagt Captain Holland erleichtert.

Sie sind in einer neuen Welt. „Wo sind wir?" fragt Charles.

Die Astronauten sind überrascht und erleichtert. „Wir haben es geschafft," sagt Dr. Kate.

* ängstlich - anxious
* erstaunt - amazed
* gefährlich - dangerous
* durchgeschüttelt - shaken
* entkommen - to escape
* Labyrinth - maze
* ruhig - calm
* überrascht - surprised
* verlassen - to leave
* verwirrt - confused

Eine neue Hoffnung

Die Astronauten sehen sich um. „Diese neue Welt ist wunderschön," sagt Clara.

Es gibt grüne Felder und blaue Seen. „Schaut mal die Felder und Seen!" sagt Ben.

„Wo sind wir?" fragt Charles.

Vincent analysiert die Umgebung. „Ich untersuche die Daten," sagt Vincent.

„Wir sind in einer anderen Galaxie," sagt er nach einer Weile.

Die Astronauten sind erstaunt. „Das ist unglaublich," sagt Anna.

Dr. Kate sagt: „Wir haben es geschafft."

Sie landen das Raumschiff. Die Luft ist frisch und sauber.

„Die Luft ist so frisch," sagt Clara.

Die Astronauten verlassen das Raumschiff. „Lasst uns die neue Welt erkunden," sagt David.

Sie erkunden die neue Welt. „Hier gibt es so viel zu sehen," sagt Ben.

„Hier können wir neu anfangen," sagt Captain Holland.

Die Astronauten sind glücklich. „Wir haben eine neue Heimat gefunden," sagt Anna.

„Ja, hier können wir leben," sagt Dr. Kate zufrieden.

- analysieren - to analyze
- die Daten - data
- die Felder - fields
- frisch - fresh
- die Galaxie - galaxy
- grün - green
- unglaublich - incredible
- untersuchen - to investigate
- wunderschön - beautiful
- zufrieden - satisfied

Das Rätsel des fremden Planeten

Die Landung auf einem fremden Planeten

Eine Gruppe von Astronauten fliegt im Raumschiff „Odyssee".
Sie sind auf einer langen Reise im All.

„Wir sind bald da," sagt John, der Anführer.

„Ja, aber etwas stimmt nicht," antwortet Maria.

Sie haben einen Kursfehler gemacht. Das Raumschiff stürzt auf
einem fremden Planeten ab.

Die Astronauten sind erschüttert, aber unverletzt. „Alle okay?"
fragt John.

„Ja, mir geht es gut," sagt Peter. „Und dir, Anna'?"

„Ich bin auch in Ordnung," antwortet Anna.

Sie verlassen das Raumschiff. Der Planet sieht aus wie die Erde.

„Es gibt Bäume, Flüsse und Berge," sagt Maria erstaunt.

Sie erkunden die Umgebung. „Wir müssen herausfinden, wo wir
sind," sagt John.

Sie gehen durch den dichten Wald. „Es ist so still hier," sagt
Peter.

Plötzlich sehen sie seltsame Kreaturen. „Seht mal, da vorne!" ruft
Anna.

Die Kreaturen ähneln Affen, aber sie sind sehr groß. „Das sind
keine normalen Affen," sagt Maria.

Die Astronauten sind verwirrt und vorsichtig. „Wir müssen
vorsichtig sein," sagt John.

„Ja, wir wissen nicht, ob sie freundlich sind," sagt Peter. „Bleibt
nah beieinander."

Die Astronauten gehen langsam weiter. „Wir brauchen mehr Informationen," sagt John.

„Lasst uns hier lagern und planen," sagt Maria. Sie nicken und beginnen, ein Lager aufzubauen.

- abstürzen - to crash
- die Anführer - leader
- erschüttert - shaken
- der Fehler - mistake
- die Kreatur - creature
- lagern - to camp
- der Planet - planet
- der Wald - forest
- die Umgebung - surroundings
- unverletzt - uninjured

Die Gefangennahme

Die großen Affen nähern sich den Astronauten. „Schaut, sie kommen näher," sagt Anna.

„Sie tragen Waffen und Kleidung," bemerkt Peter.

„Sie sind intelligent," sagt Peter erstaunt.

Die Affen sprechen in einer fremden Sprache. „Was sagen sie?" fragt Maria.

„Ich verstehe es nicht," antwortet John.

Die Affen fangen die Astronauten ein. „Wir müssen ruhig bleiben," sagt John.

Die Affen binden die Astronauten fest. „Sie bringen uns irgendwohin," sagt Anna nervös.

Sie werden in ein Dorf der Affen gebracht. Das Dorf ist groß und gut organisiert.

„Das Dorf ist riesig," sagt Peter.

„Die Affen haben Häuser und Werkzeuge," sagt Maria.

„Das ist unglaublich," sagt Maria.

Sie werden in Käfige gesperrt. „Was sollen wir jetzt tun?" fragt Anna besorgt.

Die Astronauten sind besorgt. „Wir müssen einen Fluchtplan machen," sagt Peter.

„Aber wie?" fragt Maria.

„Wir warten auf eine Gelegenheit zur Flucht," sagt John.

„Ja, wir müssen geduldig sein," sagt Peter. Die Astronauten schauen sich um und warten.

- der Affe - monkey/ape
- binden - to tie
- besorgt - worried
- der Käfig - cage
- die Gelegenheit - opportunity
- intelligent - intelligent
- das Dorf - village
- die Sprache - language
- die Waffen - weapons
- die Werkzeuge - tools

Das Leben im Affendorf

Die Astronauten beobachten die Affen. „Sie arbeiten und leben wie Menschen," sagt Peter.

„Ja, sie haben Familien und Häuser," fügt Anna hinzu.

John versucht, mit den Affen zu sprechen. „Hallo, wir kommen in Frieden," sagt er.

Einige Affen verstehen ihn. Ein Affe namens Zor hilft ihnen.

„Warum helft ihr uns?" fragt Maria.

„Nicht alle Affen sind böse," sagt Zor. „Ich will euch helfen."

Zor bringt ihnen Essen und Wasser. „Hier, esst und trinkt," sagt er freundlich.

„Danke, Zor," sagt John.

„Wir müssen hier raus," sagt John entschlossen.

„Ich habe einen Plan zur Flucht," sagt Zor leise.

Die Astronauten sind hoffnungsvoll. „Wann können wir fliehen?" fragt Peter.

„Heute Nacht," antwortet Zor. „Bereitet euch vor."

Sie bereiten sich auf die Flucht vor. „Wir müssen vorsichtig sein," sagt Peter.

„Ja, keine Fehler," sagt John. Zor öffnet heimlich die Käfige.

„Kommt, folgt mir," flüstert Zor.

Die Astronauten folgen Zor in die Nacht. „Leise, keine Geräusche," warnt Maria.

„Wir schaffen das," sagt Anna. Sie laufen durch das Dorf und in den Wald.

- der Affe - monkey/ape
- beobachten - to observe
- entschlossen - determined

- die Familie - family
- der Frieden - peace
- die Flucht - escape
- freundlich - friendly
- heimlich - secretly
- der Käfig - cage
- vorsichtig - careful

Die Flucht durch den Wald

Die Astronauten und Zor rennen durch den Wald. „Schneller!"
ruft John.

Sie hören die Affen hinter sich. „Sie kommen näher," sagt Anna
ängstlich.

„Wir müssen schneller laufen," sagt Maria.

Sie verstecken sich hinter Bäumen. „Seid leise," flüstert Peter.

Die Affen suchen nach ihnen. „Da sind sie nicht," hören sie einen
Affen sagen.

„Wir dürfen nicht entdeckt werden," sagt John.

Zor kennt einen sicheren Weg. „Kommt, folgt mir," sagt er leise.

Sie folgen Zor leise. Die Nacht ist dunkel und unheimlich.

„Ich habe Angst," sagt Anna.

„Bleib ruhig, wir sind fast da," sagt Zor beruhigend.

Sie erreichen eine Höhle. „Hier sind wir sicher," sagt Zor.

Die Astronauten sind erschöpft. „Ich kann nicht mehr," sagt Peter.

„Wir haben es geschafft," sagt Peter erleichtert.

Sie ruhen sich in der Höhle aus. „Danke, Zor," sagt John dankbar.

„Gern geschehen," sagt Zor. „Wir sind jetzt Freunde."

- ängstlich - anxious
- beruhigen - to calm
- entdecken - to discover
- erleichtert - relieved
- erschöpft - exhausted
- flüstern - to whisper
- der Freund - friend
- die Höhle - cave
- rennen - to run
- verstecken - to hide

Der Kampf um Freiheit

Am Morgen planen sie weiter. „Wir müssen die Affen besiegen,"
sagt John.

„Wie können wir das tun?" fragt Anna.

Zor kennt einen Schwachpunkt im Dorf. „Ich weiß, wo wir
angreifen können," sagt er.

Die Astronauten bereiten eine Falle vor. „Wir brauchen Waffen,"
sagt Peter.

Zor bringt ihnen Werkzeuge. „Hier, nehmt das," sagt er.

Sie machen einfache Waffen. „Diese Speere sind gut," sagt
Maria.

„Wir sind bereit," sagt Maria entschlossen.

Sie kehren heimlich ins Dorf zurück. „Seid leise," flüstert Zor.

Die Affen sind überrascht. „Was ist hier los?" ruft ein Affe.

Ein großer Kampf beginnt. John kämpft mutig.

„Wir müssen stark sein," ruft John.

Maria und Peter helfen ihm. „Pass auf, hinter dir!" schreit Peter.

Die Astronauten überwältigen die Affen. „Wir schaffen das," sagt Anna.

„Noch ein bisschen," sagt Maria.

„Wir sind frei!" ruft John.

„Ja, wir haben es geschafft," sagt Peter erleichtert.

„Danke, Zor," sagt John. „Ohne dich hätten wir das nicht geschafft."

- angreifen - to attack
- besiegen - to defeat
- erleichtert - relieved
- mutig - brave
- überwältigen - to overpower
- der Schwachpunkt - weak point
- der Speer - spear
- stark - strong
- die Waffe - weapon
- das Werkzeug - tool

Eine neue Hoffnung

Die Astronauten verlassen das Dorf. „Endlich sind wir frei," sagt John.

Zor begleitet sie. „Ich gehe mit euch," sagt er.

„Wohin gehen wir jetzt?" fragt Maria.

„Wir suchen einen sicheren Ort," sagt John.

Sie gehen weiter durch den Wald. „Die Natur ist so schön," sagt Anna.

„Ja, es ist friedlich hier," sagt Peter.

Sie finden ein verlassenes Haus. „Schaut, da ist ein Haus," sagt Maria.

„Hier können wir bleiben," sagt Peter.

Sie machen das Haus bewohnbar. „Wir brauchen Wasser und Essen," sagt Anna.

Zor bleibt bei ihnen. „Ich helfe euch," sagt er.

„Ihr seid jetzt meine Freunde," sagt Zor.

Die Astronauten sind glücklich. „Danke, Zor," sagt John.

„Wir haben eine neue Heimat," sagt Maria.

Sie arbeiten zusammen. „Wir schaffen das," sagt Peter.

Eine neue Hoffnung beginnt für alle. „Hier können wir ein neues Leben beginnen," sagt Anna lächelnd.

- begleiten - to accompany
- bewohnbar - habitable
- das Dorf - village
- endlich - finally
- friedlich - peaceful
- glücklich - happy
- die Heimat - home
- die Natur - nature
- sicher - safe
- verlassen - abandoned

Das Rätsel der Aliens

Die Ankunft der Aliens

Es ist ein schöner Tag auf der Erde. Die Sonne scheint und die Vögel singen.

Plötzlich erscheinen große Raumschiffe am Himmel. „Schau mal!" ruft Anna und zeigt nach oben.

Die Menschen sind überrascht und ängstlich. „Was sind das für Schiffe?" fragt Anna besorgt.

„Es sind Aliens," sagt John mit ernster Stimme.

Die Nachricht verbreitet sich schnell. „Aliens sind gekommen!" rufen die Leute auf den Straßen.

„Wir müssen vorbereitet sein," sagt der Präsident im Fernsehen.

Die Aliens senden eine Nachricht. „Wir kommen in Frieden," sagen sie.

Viele Menschen glauben das nicht. „Ich traue ihnen nicht," sagt Peter misstrauisch.

„Wir müssen vorsichtig sein," sagt Maria.

Die Regierung plant ein Treffen mit den Aliens. „Was wollen sie?" fragt Peter neugierig.

Die Spannung steigt. „Ich habe Angst," sagt Anna leise.

„Keine Sorge, wir werden es herausfinden," sagt John und nimmt Annas Hand.

„Was passiert jetzt?" fragt Maria.

„Wir warten und sehen," sagt John. „Aber wir müssen vorbereitet sein."

- ängstlich - anxious
- erscheinen - to appear
- die Ankunft - arrival
- besorgt - worried
- die Erde - Earth
- misstrauisch - suspicious
- vorbereitet - prepared
- vorsichtig - careful
- die Spannung - tension
- verbreiten - to spread

Der Angriff der Aliens

Das Treffen mit den Aliens beginnt. Der Präsident und seine Berater stehen bereit.

Plötzlich greifen die Aliens an. „Was passiert?" ruft Anna.

Große Städte werden zerstört. „Wir müssen fliehen!" ruft John laut.

Die Menschen rennen in Panik. „Wo sollen wir hin?" fragt Maria verzweifelt.

Anna und Maria suchen Schutz. „Hier, hinter dieser Mauer," sagt Anna.

„Wo ist Peter?" fragt Maria besorgt.

Peter hilft anderen Menschen. „Kommt mit, schnell!" ruft er.

Die Armee kämpft gegen die Aliens. „Es ist ein harter Kampf," sagt der General.

Viele Soldaten verlieren ihr Leben. „Wir brauchen mehr Verstärkung," ruft ein Soldat.

„Wir brauchen einen Plan," sagt der Präsident entschlossen.

Die Menschen sind verzweifelt. „Wir haben Angst," sagt ein Kind.

„Wir dürfen nicht aufgeben," sagt John mutig.

„Was sollen wir tun?" fragt Maria.

„Wir suchen nach einer Lösung," sagt John. „Wir werden einen Weg finden."

- der Angriff - attack
- bereit - ready
- der General - general
- mutig - brave
- der Plan - plan
- die Soldaten - soldiers
- der Schutz - shelter
- die Stadt - city
- die Verstärkung - reinforcements
- verzweifelt - desperate

Die geheime Basis

John und Anna finden eine geheime Basis. „Hier sind wir sicher," sagt John.

In der Basis arbeiten viele Wissenschaftler. „Wer seid ihr?" fragt Anna.

„Wir sind Wissenschaftler," sagt ein Mann. „Wir müssen die Aliens stoppen."

„Wie können wir das machen?" fragt John.

Die Wissenschaftler haben ein Raumschiff. „Dieses Raumschiff kann in die Mutterschiffe der Aliens fliegen," sagt Peter.

„Das ist unsere Chance," sagt Maria.

Sie planen einen Angriff. „Wer fliegt das Raumschiff?" fragt Maria.

„Ich mache es," sagt John mutig.

Anna und Peter helfen ihm. „Wir sind bei dir," sagt Anna.

Die Vorbereitung beginnt. „Wir müssen schnell sein," sagt der General.

„Die Zeit läuft ab," sagt ein Wissenschaftler.

„Sind wir bereit?" fragt John.

„Ja, wir sind bereit," antworten alle.

„Lasst uns das tun," sagt John entschlossen. Sie steigen in das Raumschiff und bereiten sich auf den Start vor.

- der Angriff - attack
- die Basis - base
- die Chance - chance
- die Mutterschiffe - motherships
- der Plan - plan
- die Vorbereitung - preparation
- der Wissenschaftler - scientist
- die Wissenschaftler - scientists
- sicher - safe
- stoppen - to stop

Der Flug ins All

John, Anna und Peter steigen in das Raumschiff. „Passt auf euch auf," sagt Maria.

„Wir werden vorsichtig sein," sagt John. Das Raumschiff startet.

Sie fliegen ins All. „Es ist so ruhig hier," sagt Anna.

„Ich sehe die Mutterschiffe," sagt John. „Dort vorne!"

Sie nähern sich einem großen Mutterschiff. „Seid vorsichtig," warnt Peter.

„Wir müssen einen Weg ins Innere finden," sagt Anna.

Sie finden einen Weg ins Innere. „Hier sind die Schwachstellen," sagt Anna und zeigt auf einen Plan.

Sie platzieren Bomben. „Wir müssen schnell raus," sagt John.

„Los, beeilt euch!" ruft Peter. Sie fliegen aus dem Mutterschiff.

Die Bomben explodieren. „Es hat geklappt!" ruft John.

„Das Mutterschiff ist zerstört," sagt Peter erleichtert.

Die Menschen auf der Erde jubeln. „Wir haben es geschafft!" sagt Anna glücklich.

„Ja, wir sind Helden," sagt John. Sie fliegen zurück zur Erde und freuen sich über ihren Erfolg.

- die Bomben - bombs
- der Erfolg - success
- erleichtert - relieved
- die Helden - heroes
- ins Innere - inside
- der Plan - plan
- die Schwachstellen - weak points
- starten - to launch
- vorsichtig - careful
- zerstört - destroyed

Der letzte Kampf

Die Aliens greifen noch einmal an. „Sie sind wütend,” sagt Maria.

Die Menschen kämpfen zurück. „Wir dürfen nicht aufgeben,” sagt der General.

John, Anna und Peter kehren zur Erde zurück. „Wir sind wieder da,” sagt John.

„Wir müssen den letzten Angriff planen,” sagt John entschlossen.

Die Armee und die Menschen arbeiten zusammen. „Wir sind stark,” sagt Anna.

Die Aliens sind überall. „Sie kommen von allen Seiten,” sagt Peter.

„Das ist unser letzter Kampf,” sagt John.

Die Kämpfe sind hart und brutal. „Wir müssen durchhalten,” ruft der General.

Viele Aliens werden besiegt. „Wir schaffen das,” sagt John.

„Noch ein bisschen,” sagt Anna.

Der letzte große Angriff beginnt. „Alle zusammen!” ruft Peter.

Die Menschen gewinnen den Kampf. „Wir haben gesiegt,” sagt Maria erleichtert.

„Ja, wir sind frei,” sagt John. Die Menschen feiern ihren Sieg und sind glücklich.

- angreifen - to attack
- der Angriff - attack
- besiegt - defeated
- durchhalten - to endure
- der General - general

- glücklich - happy
- kehren - to return
- stark - strong
- wütend - angry
- zusammen - together

Der neue Anfang

Die Menschen sind froh und erleichtert. „Wir haben es geschafft,"
sagt der Präsident.

„Ja, wir sind endlich sicher," sagt Maria.

Die Städte werden wieder aufgebaut. „Lasst uns
zusammenarbeiten," sagt Peter.

„Wir müssen stark bleiben," sagt Maria.

Die Menschen arbeiten zusammen. „Wir schaffen das," sagt ein
Bauarbeiter.

„Unsere Welt ist jetzt sicher," sagt Peter.

John, Anna und Maria sind Helden. „Ihr habt uns gerettet," sagt
ein kleines Mädchen.

„Wir sind stolz auf euch," sagt der General.

Die Aliens sind besiegt. „Sie sind weg," sagt John.

Die Menschen feiern ihren Sieg. „Lasst uns feiern!" ruft Anna.

„Es ist ein neuer Anfang," sagt Anna glücklich.

Die Erde ist friedlich. „Endlich Frieden," sagt Maria.

„Wir dürfen das nie vergessen," sagt John.

Die Menschen sind vereint. „Zusammen sind wir stark," sagt
Peter.

Eine neue Hoffnung beginnt. „Die Zukunft sieht gut aus," sagt Anna lächelnd.

- der Anfang - beginning
- der Bauarbeiter - construction worker
- besiegt - defeated
- erleichtert - relieved
- friedlich - peaceful
- froh - happy
- die Hoffnung - hope
- stolz - proud
- vereint - united
- zusammenarbeiten - to cooperate

Das Rätsel der Maschinen

Die Ankunft der Maschinen

Es ist Nacht in der Stadt. Plötzlich erscheint ein helles Licht am Himmel.

Eine Maschine kommt aus dem Licht. Die Maschine sieht aus wie ein Mensch.

„Was ist das?" fragt Anna und zeigt auf das Licht.

„Ich weiß nicht," sagt John verwirrt.

Die Maschine hat eine Mission. Sie sucht nach einem Mann namens Peter.

Peter ist ein ganz normaler Mensch. Er arbeitet in einem Büro und lebt ein ruhiges Leben.

Die Maschine verfolgt Peter. „Ich muss fliehen," sagt Peter zu sich selbst.

Peter rennt durch die Straßen. Die Maschine ist schnell und stark.

„Hilf mir!" ruft Peter laut. Aber niemand hilft ihm.

„Warum verfolgt mich diese Maschine?" fragt Peter verzweifelt.

„Ich muss irgendwo sicher sein," denkt er und rennt weiter.

Die Straßen sind dunkel und leer. Peter versteckt sich hinter einem Auto.

Die Maschine schaut sich um und sucht weiter. „Ich darf nicht gefunden werden," flüstert Peter.

„Ich brauche einen Plan," denkt er. Aber er weiß noch nicht, was er tun soll.

- die Ankunft - arrival

- erscheinen - to appear
- fliehen - to flee
- die Maschine - machine
- die Mission - mission
- das Licht - light
- die Straßen - streets
- sicher - safe
- verstecken - to hide
- verzweifelt - desperate

Die Flucht beginnt

Peter findet ein Versteck. „Ich brauche Hilfe," sagt Peter verzweifelt.

Er ruft seine Freundin Anna an. „Anna, ich bin in Gefahr," sagt Peter schnell ins Telefon.

Anna ist schockiert. „Was? Warum?" fragt sie.

„Eine Maschine verfolgt mich," erklärt Peter. „Ich komme sofort," sagt Anna.

Anna fährt schnell zu Peter. Die Maschine sucht weiter nach Peter.

Anna findet Peter im Versteck. „Peter, was ist los?" fragt sie besorgt.

„Wir müssen weg," sagt Anna entschlossen.

Sie fahren mit dem Auto davon. Die Straßen sind dunkel und leer.

Die Maschine verfolgt sie. „Sie ist hinter uns," sagt Peter nervös.

„Was ist das?" fragt Anna und schaut in den Rückspiegel.

„Eine Maschine," sagt Peter. „Sie sieht aus wie ein Mensch."

„Wir müssen einen Plan machen," sagt Anna entschlossen.

„Ja, aber was für einen Plan?" fragt Peter.

„Ich weiß nicht, aber wir müssen schnell sein," sagt Anna.

„Vielleicht können wir zur Polizei gehen," schlägt Peter vor.

„Ja, das ist eine gute Idee," sagt Anna und fährt schneller.

- die Gefahr - danger
- fahren - to drive
- das Telefon - telephone
- das Versteck - hideout
- verfolgen - to follow
- die Freundin - girlfriend
- schnell - fast
- die Polizei - police
- schockiert - shocked
- verzweifelt - desperate

Der geheime Beschützer

Ein Mann namens Mark erscheint. „Wer bist du?" fragt Anna misstrauisch.

„Ich bin Mark," sagt er. „Ich komme aus der Zukunft."

„Aus der Zukunft?" fragt Peter überrascht.

„Ja," sagt Mark. „Ich bin hier, um Peter zu beschützen."

Peter und Anna sind überrascht. „Warum?" fragt Peter.

„Du bist wichtig für die Zukunft," sagt Mark.

Plötzlich greift die Maschine wieder an. „Lauf!" ruft Mark.

Mark kämpft gegen die Maschine. „Geh, ich halte sie auf!" ruft er.

Peter und Anna rennen weg. „Wir müssen irgendwo sicher sein,”
sagt Peter.

„Wir sind in Sicherheit,” sagt Anna, als sie um eine Ecke biegen.

„Nein, noch nicht,” sagt Peter besorgt.

Sie verstecken sich in einem alten Gebäude. „Hier können wir
kurz bleiben,” sagt Anna.

Mark kommt zu ihnen. „Habt ihr euch versteckt?” fragt er.

„Ja, aber die Maschine wird uns finden,” sagt Peter.

„Wir müssen zusammenarbeiten,” sagt Mark. „Nur so können wir
sie besiegen.”

„Was sollen wir tun?” fragt Anna.

„Ich habe einen Plan,” sagt Mark. „Aber wir müssen schnell
sein.”

- erscheinen - to appear
- beschützen - to protect
- die Ecke - corner
- das Gebäude - building
- kämpfen - to fight
- misstrauisch - suspicious
- rennen - to run
- die Sicherheit - safety
- die Zukunft - future
- zusammenarbeiten - to collaborate

Der Kampf im alten Gebäude

Die Maschine findet das Gebäude. „Sie ist hier," sagt Peter mit Angst in der Stimme.

Mark bereitet sich auf den Kampf vor. „Bleibt hier," sagt Mark entschlossen.

Die Maschine bricht durch die Tür. „Da ist sie!" ruft Anna.

Mark kämpft gegen die Maschine. „Pass auf!" schreit Peter.

„Er ist stark," sagt Anna und beobachtet den Kampf.

„Ja, aber wir sind schlauer," sagt Peter.

Peter und Anna helfen Mark. Sie werfen Steine auf die Maschine.

Die Maschine wird verletzt. „Es funktioniert!" ruft Anna glücklich.

Die Maschine fällt zu Boden. „Haben wir gewonnen?" fragt Peter vorsichtig.

„Noch nicht," sagt Mark. „Sie kann sich reparieren."

„Was machen wir jetzt?" fragt Anna.

„Wir müssen sie komplett zerstören," sagt Mark. „Nur so können wir sicher sein."

„Wie können wir das tun?" fragt Peter.

„Wir brauchen etwas Stärkeres," sagt Mark. „Lasst uns nachdenken."

„Vielleicht haben wir eine Chance," sagt Anna hoffnungsvoll.

„Ja, wir dürfen nicht aufgeben," sagt Peter. „Zusammen schaffen wir das."

- Angst - fear
- beobachten - to observe
- bricht - breaks
- entschlossen - determined
- hoffnungsvoll - hopeful
- reparieren - to repair
- stark - strong
- Steine - stones
- verletzt - injured
- zerstören - to destroy

Die letzte Schlacht

Die Maschine steht wieder auf. „Sie kommt zurück," sagt Anna besorgt.

„Wir müssen sie endgültig stoppen," sagt Mark entschlossen.

Sie bereiten eine Falle vor. „Wir müssen schnell sein," sagt Peter.

Die Maschine kommt näher. „Seid bereit," flüstert Anna.

„Jetzt!" ruft Mark laut.

Sie aktivieren die Falle. Die Maschine wird eingeklemmt.

„Wir haben sie," sagt Peter erleichtert.

Die Maschine kämpft weiter. „Sie ist stark," sagt Anna.

„Wir dürfen nicht aufgeben," sagt Mark. „Haltet durch!"

Schließlich hört die Maschine auf zu kämpfen. „Sie bewegt sich nicht mehr," sagt Peter.

„Wir haben es geschafft," sagt Peter und atmet tief durch.

„Die Gefahr ist vorbei," sagt Anna erleichtert.

„Wir sind sicher," sagt Mark und lächelt.

„Danke, Mark," sagt Peter. „Ohne dich hätten wir es nicht geschafft."

„Gern geschehen," sagt Mark. „Jetzt seid ihr in Sicherheit."

„Ja, wir sind frei," sagt Anna. „Lass uns nach Hause gehen."

- aktivieren - to activate
- atmen - to breathe
- die Falle - trap
- die Gefahr - danger
- lächeln - to smile
- die Maschine - machine
- die Sicherheit - safety
- stark - strong
- stoppen - to stop
- zurückkommen - to return

Ein neuer Anfang

Peter und Anna sind sicher. „Wir haben es geschafft," sagt Peter.

Mark sagt, er muss zurück in die Zukunft. „Meine Zeit hier ist vorbei," sagt er.

„Danke, dass du uns geholfen hast," sagt Peter dankbar.

„Es war meine Mission," sagt Mark lächelnd.

„Werde ich dich wiedersehen?" fragt Anna.

„Vielleicht," sagt Mark geheimnisvoll.

Mark verschwindet im Licht. „Er ist weg," sagt Peter überrascht.

„Aber wir sind in Sicherheit," sagt Anna beruhigt.

Die Stadt wird wieder ruhig. Die Menschen kehren zu ihrem normalen Leben zurück.

„Wir haben eine neue Chance," sagt Peter.

„Ja, ein neuer Anfang," sagt Anna.

Sie gehen zusammen nach Hause. Die Sonne scheint und der Himmel ist blau.

„Die Zukunft gehört uns," sagt Peter optimistisch.

„Ja, wir sind bereit für ein neues Leben," sagt Anna glücklich.

Sie halten sich an den Händen und lächeln. Ein neuer Tag beginnt und sie sind voller Hoffnung.

„Zusammen schaffen wir alles," sagt Peter.

„Ja, zusammen sind wir stark," sagt Anna.

Und so beginnt ihre neue Reise in eine sichere und friedliche Zukunft.

- die Chance - chance
- dankbar - grateful
- geheimnisvoll - mysterious
- glücklich - happy
- lächeln - to smile
- der Anfang - beginning
- optimistisch - optimistic
- ruhig - calm
- verschwinden - to disappear
- die Zukunft - future

Das Geheimnis von Zeta

Die Landung auf dem fremden Planeten

Eine Gruppe von Astronauten fliegt zum fernen Planeten Zeta. Ihr Raumschiff heißt „Explorer".

Die Astronauten sind aufgeregt und nervös. „Wir sind fast da," sagt Anna.

„Ich sehe den Planeten," sagt Ben. Alle schauen gespannt aus dem Fenster.

Sie landen sicher auf Zeta. Der Planet ist grün und schön.

„Es sieht friedlich aus," sagt Maria und lächelt.

Sie verlassen das Raumschiff. „Lasst uns die Umgebung erkunden," sagt David.

Sie gehen durch den Wald. „Die Bäume sind so groß," sagt Anna.

Sie finden seltsame Pflanzen und Tiere. „Schau mal, diese Blume leuchtet," sagt Ben erstaunt.

„Alles ist so anders hier," sagt Anna und berührt eine fremde Pflanze.

Sie hören plötzlich Geräusche. „Was war das?" fragt Maria erschrocken.

„Schaut, da sind Aliens," sagt Ben und zeigt nach vorne.

Die Aliens kommen näher. „Seid vorsichtig," flüstert David.

Die Astronauten sind gespannt und ein wenig ängstlich. „Was wollen sie?" fragt Anna leise.

„Wir werden es herausfinden," sagt David entschlossen.

- aufgeregt - excited

- berühren - to touch
- entschlossen - determined
- erforschen - to explore
- fremd - strange
- die Geräusche - noises
- gespannt - curious
- nervös - nervous
- sicher - safe
- der Wald - forest

Die Begegnung mit den Aliens

Die Aliens kommen näher. Sie sehen freundlich aus.

„Hallo," sagt einer der Aliens.

„Sie sprechen unsere Sprache," sagt Maria erstaunt.

Die Aliens lächeln. „Willkommen auf Zeta," sagt der Anführer der Aliens.

„Danke," sagt David.

Die Aliens führen die Astronauten in ihr Dorf. Das Dorf ist groß und schön.

„Hier leben wir," sagt der Anführer stolz.

Die Aliens zeigen ihnen ihre Häuser. „Alles ist so sauber," sagt Anna bewundernd.

Die Astronauten fühlen sich wohl. „Es ist schön hier," sagt Maria.

„Ihr seid unsere Gäste," sagt der Anführer freundlich.

„Danke für eure Gastfreundschaft," sagt Ben.

„Kommt, wir zeigen euch mehr," sagt ein Alien.

„Ja, gerne," sagt David. Die Astronauten folgen den Aliens und sind gespannt auf das, was noch kommt.

- der Anführer - leader
- bewundernd - admiring
- freundlich - friendly
- die Gastfreundschaft - hospitality
- das Haus - house
- sauber - clean
- stolz - proud
- wohlfühlen - to feel comfortable
- die Sprache - language
- zeigen - to show

Das Leben im Alien-Dorf

Die Astronauten leben im Alien-Dorf. Sie lernen die Kultur der Aliens kennen.

„Sie sind sehr freundlich," sagt Maria.

Die Aliens zeigen ihnen ihre Technologie. „Das ist beeindruckend," sagt David.

Die Astronauten arbeiten mit den Aliens. Sie helfen im Garten und in den Werkstätten.

Sie essen zusammen. „Das Essen ist lecker," sagt Anna und lächelt.

Die Aliens feiern ein Fest. „Lasst uns mitfeiern," sagt Ben.

Alle tanzen und singen. „Das ist so schön," sagt Maria glücklich.

Aber nachts hört Anna seltsame Geräusche. „Was war das?" fragt sie sich.

Sie kann nicht schlafen und bleibt wach. Die Geräusche kommen immer näher.

Am Morgen erzählt sie es den anderen Astronauten. „Ich habe etwas Seltsames gehört," sagt Anna.

„Was war es?" fragt David besorgt.

„Ich weiß es nicht," sagt Anna. „Aber es war unheimlich."

„Vielleicht sollten wir vorsichtig sein," sagt Ben.

„Ja, wir müssen aufpassen," stimmt Maria zu.

- beeindruckend - impressive
- die Feier - celebration
- freundlich - friendly
- der Garten - garden
- lecker - delicious
- die Kultur - culture
- seltsam - strange
- die Technologie - technology
- unheimlich - eerie
- wach - awake

Das dunkle Geheimnis

Anna hat ein ungutes Gefühl. „Etwas stimmt nicht," sagt sie.

Die Astronauten beschließen, das Dorf zu erkunden. „Lasst uns alles genau ansehen," sagt David.

Sie finden einen geheimen Raum. „Was ist hier drin?" fragt Ben.

Sie öffnen die Tür. Der Raum ist dunkel und kalt.

„Hier ist es unheimlich," sagt Maria und schaudert.

Sie finden seltsame Maschinen. „Das sieht gefährlich aus," sagt David.

Plötzlich hören sie Schritte. Die Aliens kommen.

„Was macht ihr hier?" fragt der Anführer wütend.

„Wir haben nur erkundet," sagt Ben nervös.

Die Aliens sehen nicht mehr freundlich aus. „Ihr habt nicht die Erlaubnis," sagt ein Alien streng.

„Wir wollten nichts Böses," sagt Anna schnell.

„Geht sofort zurück," befiehlt der Anführer.

Die Astronauten verlassen den Raum. „Das war knapp," flüstert Maria.

„Was verbergen sie?" fragt David leise. „Wir müssen vorsichtig sein," warnt Ben.

- ansehen - to look at
- beschließen - to decide
- erkunden - to explore
- gefährlich - dangerous
- geheim - secret
- der Raum - room
- streng - strict
- unheimlich - eerie
- ungutes Gefühl - bad feeling
- verbergen - to hide

Die Wahrheit kommt ans Licht

Die Astronauten sind gefangen. „Warum habt ihr uns belogen?" fragt Anna.

Der Anführer der Aliens lacht. „Ihr seid unsere Gefangenen," sagt er.

Die Aliens sind böse. „Wir brauchen eure Technologie," sagt der Anführer.

Die Astronauten sind entsetzt. „Was sollen wir tun?" fragt Ben.

„Wir müssen hier raus," sagt David entschlossen.

Sie planen ihre Flucht. „Wir dürfen nicht entdeckt werden," sagt Maria.

Sie warten auf die Nacht. „Jetzt ist es soweit," flüstert Ben.

Sie schleichen aus dem Raum. Sie bewegen sich leise und schnell.

Aber die Aliens bemerken sie. „Sie versuchen zu fliehen!" ruft ein Alien.

„Lauft!" schreit David. Die Astronauten rennen durch das Dorf.

„Wir müssen zum Raumschiff," sagt Anna.

„Ja, schnell!" ruft Maria. Sie hören die Aliens hinter sich.

„Schneller!" ruft Ben. Die Aliens kommen näher.

„Wir schaffen das," sagt David und rennt noch schneller.

- bemerken - to notice
- entsetzt - horrified
- die Flucht - escape
- gefangen - captured
- die Gefangenen - prisoners
- laufen - to run
- schleichen - to sneak
- soweit - time has come
- versuchen - to try
- die Technologie - technology

Das Ende der Mission

Die Astronauten rennen um ihr Leben. Die Aliens verfolgen sie.

„Schneller!" ruft Anna.

Sie sehen das Raumschiff in der Ferne. „Da ist es!" ruft Ben.

Aber die Aliens greifen an. „Wir müssen uns beeilen," sagt Maria.

Plötzlich explodiert das Raumschiff. Die Explosion ist laut und hell.

„Nein!" ruft David. „Unser Raumschiff!"

Die Astronauten bleiben stehen. „Was machen wir jetzt?" fragt Anna verzweifelt.

„Wir sind verloren," sagt Ben traurig.

Die Aliens umzingeln die Astronauten. „Ihr seid unsere Gefangenen," sagt der Anführer der Aliens.

„Das ist das Ende," sagt Maria mit Tränen in den Augen.

Die Aliens feiern ihren Sieg. „Wir haben gewonnen!" rufen sie.

Die Astronauten haben keine Hoffnung mehr. „Es gibt keinen Ausweg," flüstert David.

Die Mission endet in Tragödie. „Wir kommen hier nie weg," sagt Anna leise.

Die Astronauten wissen, dass ihre Reise vorbei ist. Sie schauen sich traurig an und akzeptieren ihr Schicksal.

- angreifen - to attack
- die Explosion - explosion
- das Leben - life
- der Sieg - victory

- die Mission - mission
- das Raumschiff - spaceship
- rennen - to run
- traurig - sad
- umzingeln - to surround
- verloren - lost

Das Geheimnis des Bermuda-Dreiecks

Die Entdeckung

Eine Gruppe von Forschern fährt ins Bermuda-Dreieck. Ihr Schiff heißt „Explorer".

Die Forscher sind aufgeregt und neugierig. „Wir sind fast da," sagt Anna.

„Ich sehe das Ziel," sagt Ben. Sie ankern das Schiff.

„Lasst uns tauchen gehen," sagt Maria. Sie ziehen ihre Taucheranzüge an.

Die Forscher tauchen ins Wasser. Der Ozean ist tief und dunkel.

„Es ist so still hier," sagt David.

Sie finden seltsame Ruinen. „Das sieht alt aus," sagt Anna.

„Vielleicht ist es eine alte Stadt," sagt Ben. Die Forscher sind gespannt.

„Wir müssen vorsichtig sein," sagt Maria. Sie schwimmen weiter und suchen mehr Hinweise.

- alt - old
- anker - to anchor
- das Bermuda-Dreieck - Bermuda Triangle
- der Forscher - researcher
- neugierig - curious
- der Ozean - ocean
- die Ruinen - ruins
- schwimmen - to swim
- tauchen - to dive
- vorsichtig - careful

Die Erkundung

Die Forscher schwimmen tiefer. Sie sehen mehr Ruinen.

„Hier gibt es Gebäude," sagt Maria. Die Forscher sind neugierig.

Sie finden seltsame Schriftzeichen. „Was bedeuten diese Zeichen?" fragt David.

Die Forscher nehmen Fotos auf. Sie dokumentieren alles.

Sie entdecken eine große Statue. „Diese Statue ist beeindruckend," sagt Ben.

Die Forscher finden ein altes Tor. „Lasst uns hineingehen," sagt Anna.

Sie schwimmen durch das Tor. Hinter dem Tor ist eine große Halle.

„Das ist riesig," sagt Maria. Sie sehen sich um.

Sie sehen seltsame Maschinen. „Das ist fortschrittliche Technologie," sagt David.

„Diese Maschinen sind sehr alt," sagt Ben.

„Wer hat sie gebaut?" fragt Maria.

„Das müssen wir herausfinden," sagt Anna. Die Forscher sind gespannt und untersuchen weiter.

„Wir sollten vorsichtig sein," sagt David. Sie stimmen zu und bewegen sich langsam durch die Halle.

- beeindruckend - impressive
- bedeuten - to mean
- das Gebäude - building
- die Halle - hall
- das Tor - gate

- fortschrittlich - advanced
- die Maschine - machine
- neugierig - curious
- riesig - huge
- untersuchen - to investigate

Das Geheimnis

Die Forscher untersuchen die Maschinen. „Diese Technologie ist sehr alt," sagt Anna.

Die Maschinen sind noch aktiv. „Das ist erstaunlich," sagt Ben.

Plötzlich hören sie ein Geräusch. „Was war das?" fragt Maria.

Die Forscher sind nervös. Eine Maschine beginnt zu leuchten.

„Wir müssen vorsichtig sein," sagt David.

Die Halle beginnt zu vibrieren. „Etwas passiert," sagt Anna.

Die Forscher sehen sich um. „Wir sollten zurückgehen," sagt Ben.

Die Forscher schwimmen zum Tor. Das Tor schließt sich plötzlich.

„Oh nein, wir sind gefangen," sagt Maria ängstlich.

„Was machen wir jetzt?" fragt Ben.

„Wir müssen ruhig bleiben," sagt Anna.

„Vielleicht gibt es einen anderen Ausgang," sagt David.

„Lasst uns suchen," sagt Anna. Die Forscher beginnen, die Halle nach einem Ausweg zu durchsuchen.

- aktiv - active
- erstaunlich - amazing
- gefangen - trapped

- leuchten - to glow
- die Maschine - machine
- der Ausgang - exit
- durchsuchen - to search
- ruhig - calm
- vibrieren - to vibrate
- vorsichtig - careful

Die Gefahr

Die Forscher sind gefangen. „Was sollen wir tun?" fragt Maria.

Die Halle wird dunkler. „Wir müssen einen Ausweg finden," sagt David.

Die Forscher suchen nach einem Ausgang. Sie finden einen geheimen Gang.

„Hier entlang," sagt Anna.

Sie schwimmen durch den Gang. Der Gang ist lang und dunkel.

„Ich habe Angst," sagt Maria.

„Bleib ruhig," sagt Ben.

Sie hören wieder ein Geräusch. „Es kommt näher," sagt David.

Eine seltsame Kreatur erscheint. Die Forscher sind erschrocken.

„Was ist das?" fragt Anna.

„Ich weiß es nicht," sagt David.

„Wir müssen weg," sagt Ben.

Die Forscher schwimmen schneller durch den Gang. Die Kreatur folgt ihnen.

- der Ausgang - exit

- dunkel - dark
- entlang - along
- erschrocken - frightened
- die Kreatur - creature
- der Gang - corridor
- geheim - secret
- gefangen - trapped
- schwimmen - to swim
- das Geräusch - noise

Der Kampf

Die Kreatur greift an. „Passt auf!" ruft Anna.

Die Forscher versuchen zu fliehen. „Wir müssen zusammenbleiben," sagt Ben.

Die Kreatur verfolgt sie. David findet einen Stein.

„Hier, nimm das," sagt er zu Ben.

Ben wirft den Stein auf die Kreatur. Die Kreatur wird langsamer.

„Wir müssen weiter," sagt Anna.

Sie schwimmen schneller. Die Kreatur verschwindet.

„Sind wir in Sicherheit?" fragt Maria.

„Ich hoffe es," sagt David.

Sie erreichen einen neuen Raum. „Schaut, da ist ein Licht," sagt Ben.

„Vielleicht gibt es hier einen Ausgang," sagt Anna.

„Lasst uns vorsichtig sein," sagt David.

Die Forscher sehen sich um und suchen nach einem sicheren Weg.

- der Ausgang - exit
- die Kreatur - creature
- langsamer - slower
- der Raum - room
- der Stein - stone
- sicher - safe
- schneller - faster
- schwimmen - to swim
- vorsichtig - careful
- verschwinden - to disappear

Die Flucht

Der neue Raum ist groß und hell. „Schaut, ein Ausgang," sagt Anna.

Die Forscher schwimmen zum Ausgang. Die Tür öffnet sich langsam.

„Wir sind fast draußen," sagt Ben.

Plötzlich beginnt die Erde zu beben. „Schnell, raus hier!" ruft David.

Die Forscher schwimmen so schnell wie möglich. Sie erreichen das offene Meer.

„Wir haben es geschafft," sagt Maria erleichtert.

Sie schwimmen zurück zum Schiff. „Alles ist in Ordnung," sagt Anna.

Sie klettern an Bord des „Explorer". „Das war knapp," sagt Ben.

Die Forscher sind sicher, aber erschöpft. „Jetzt müssen wir berichten, was wir entdeckt haben," sagt David.

- an Bord - aboard

- beben - to shake
- berichten - to report
- die Erde - earth
- der Ausgang - exit
- erschöpft - exhausted
- das Meer - sea
- möglich - possible
- schwimmen - to swim
- sicher - safe

Das Geheimnis der Zeitreise

Die Erfindung der Zeitmaschine

Es ist das Jahr 2077. In München lebt ein Mann namens Karl. Karl ist ein Erfinder. Er hat eine große Idee.

Ich möchte eine Zeitmaschine bauen, sagt Karl zu seinem Freund Peter.

Das ist eine verrückte Idee, antwortet Peter.

Ja, aber ich glaube, es ist möglich, sagt Karl. Er arbeitet viele Jahre an der Maschine. Eines Tages ist die Maschine fertig. Karl ist sehr aufgeregt.

Peter, die Maschine ist fertig! ruft Karl.

Das ist fantastisch! sagt Peter. Die Maschine sieht aus wie ein kleines Auto. Karl setzt sich in die Maschine.

Was passiert jetzt? fragt Peter.

Ich drücke die Knöpfe, sagt Karl. Er drückt viele Knöpfe. Die Maschine macht laute Geräusche. Es blinkt und leuchtet. Plötzlich fühlt sich Karl seltsam.

Was fühlst du? fragt Peter.

Ich weiß nicht. Die Reise beginnt, sagt Karl.

- abholen - to pick up
- die Blume - flower
- das Buch - book
- fliegen - to fly
- groß - big
- das Haus - house
- klein - small
- lesen - to read

- die Straße - street
- trinken - to drink

Die Reise beginnt

Karl schaut aus dem Fenster. Die Welt draußen verändert sich schnell. Karl sieht verschiedene Farben und Lichter.

„Wow, das ist unglaublich," sagt Karl laut. Er fühlt sich ein wenig schwindelig. Plötzlich hört die Maschine auf. Alles wird ruhig.

„Was ist passiert?" fragt Karl sich. Er öffnet die Tür. Er steht in einer anderen Zeit. Karl sieht viele Menschen.

„Die Menschen tragen andere Kleidung," bemerkt Karl. Er erkennt die Gebäude nicht.

„Wo bin ich?" fragt er einen Mann.

„Du bist in Paris," antwortet der Mann.

„In welchem Jahr?" fragt Karl.

„Es ist 1889," sagt der Mann. Karl sieht ein großes Schild. Auf dem Schild steht „Paris 1889". Karl ist sehr überrascht.

„Ich habe es geschafft," sagt Karl glücklich. „Ich bin in der Vergangenheit."

Karl geht durch die Straßen. Alles ist neu und aufregend.

„Das ist wirklich Paris im Jahr 1889," sagt Karl und lächelt.

- abholen - to pick up
- die Blume - flower
- das Buch - book
- fliegen - to fly
- groß - big
- das Haus - house

- klein - small
- lesen - to read
- die Straße - street
- trinken - to drink

Die Weltausstellung in Paris

Karl geht durch die Straßen von Paris. Er sieht viele bunte Stände.

„Wow, hier gibt es so viel zu sehen,“ sagt Karl. Überall sind Leute aus verschiedenen Ländern.

„Hallo, woher kommst du?“ fragt Karl eine Frau.

„Ich komme aus Italien,“ sagt die Frau lächelnd.

„Und was zeigst du hier?“ fragt Karl.

„Ich zeige italienische Kunst,“ antwortet die Frau stolz. Es gibt viele Erfindungen zu sehen. Karl sieht ein großes Rad.

„Was ist das?“ fragt Karl einen Mann.

„Das ist ein großes Rad für die Ausstellung,“ sagt der Mann.

„Das ist sehr interessant,“ sagt Karl. Er sieht auch seltsame Maschinen.

„Was macht diese Maschine?“ fragt Karl einen anderen Mann.

„Diese Maschine kann Kleidung nähen,“ erklärt der Mann.

„Das ist beeindruckend,“ sagt Karl. Die Menschen sind sehr freundlich.

„Willst du etwas essen?“ fragt ein Verkäufer.

„Ja, gerne. Was hast du?“ fragt Karl.

„Ich habe Baguette und Käse,“ sagt der Verkäufer.

„Das klingt lecker," sagt Karl und probiert das Essen. Er isst französisches Essen und genießt es. Er hört Musik auf der Straße.

„Die Musik ist schön," sagt Karl. Überall sind Lichter und Farben.

„Das ist wie ein Traum," denkt Karl. Er spricht mit anderen Erfindern.

„Was ist deine Erfindung?" fragt Karl einen jungen Mann.

„Ich habe eine neue Uhr erfunden," sagt der Mann.

„Zeig mir die Uhr," sagt Karl neugierig. Sie zeigen ihm ihre Ideen. Karl ist sehr beeindruckt.

„Das ist alles so spannend," sagt Karl.

„Ja, die Weltausstellung ist wunderbar," sagt ein anderer Erfinder. Karl vergisst fast die Zeit.

„Oh, ich muss bald zurück," denkt Karl plötzlich.

- abholen - to pick up
- die Blume - flower
- das Buch - book
- fliegen - to fly
- groß - big
- das Haus - house
- klein - small
- lesen - to read
- die Straße - street
- trinken - to drink

Der Eiffelturm

Karl hört von einem neuen Turm. Der Turm heißt Eiffelturm.

„Peter, hast du vom Eiffelturm gehört?" fragt Karl.

„Ja, der Turm ist sehr groß," sagt Peter.

„Ich möchte den Turm sehen," sagt Karl.

„Ich auch. Lass uns hingehen," sagt Peter. Sie gehen zum Eiffelturm. Viele Menschen sind dort.

„Schau, der Turm ist aus Eisen," sagt Karl.

„Ja, er ist sehr beeindruckend," sagt Peter. Karl schaut nach oben. Der Turm ist sehr hoch.

„Wow, der Turm ist wirklich hoch," sagt Karl.

„Willst du den Turm besteigen?" fragt Peter.

„Ja, ich möchte den Ausblick sehen," sagt Karl. Er kauft ein Ticket.

„Hier ist dein Ticket," sagt der Verkäufer.

„Danke," sagt Karl. Er geht die Treppen hoch. Der Ausblick ist fantastisch.

„Peter, schau mal! Ich kann ganz Paris sehen," ruft Karl.

„Das ist unglaublich," sagt Peter. Karl macht viele Fotos.

„Diese Fotos werden toll," sagt Karl.

„Ja, sie sind eine schöne Erinnerung," sagt Peter.

Karl lächelt. „Das war ein großartiger Tag," sagt er.

• beeindruckend - impressive
• der Ausblick - view

• besteigen - to climb
• die Erinnerung - memory
• fantastisch - fantastic
• das Foto - photo
• das Eisen - iron
• das Ticket - ticket
• toll - great
• der Turm - tower

Neue Freunde

Karl trifft neue Freunde. Sie heißen Marie und Jacques.

„Hallo, ich bin Karl," sagt Karl.

„Hallo Karl, ich bin Marie," sagt Marie.

„Und ich bin Jacques," sagt Jacques. Marie und Jacques sind Pariser.

„Willkommen in Paris," sagt Marie. Sie zeigen Karl die Stadt.

„Das ist der Louvre," sagt Jacques.

„Möchtest du die Mona Lisa sehen?" fragt Marie.

„Ja, sehr gerne," sagt Karl. Karl besucht viele Museen. Er sieht berühmte Gemälde.

„Das ist wunderschön," sagt Karl.

„Ja, die Kunst hier ist berühmt," sagt Jacques. Karl lernt viel über die Geschichte.

„Das ist sehr interessant," sagt Karl. Marie und Jacques sind sehr nett.

„Wir mögen dich, Karl," sagt Marie.

„Danke, ihr seid auch sehr nett," sagt Karl. Sie essen zusammen.

„Das Essen ist lecker,“ sagt Karl.

„Ja, es ist typisch französisch,“ sagt Jacques. Sie lachen und haben Spaß.

„Habt ihr schon von meiner Zeitmaschine gehört?“ fragt Karl.

„Nein, erzähl uns mehr,“ sagt Marie.

„Ich komme aus der Zukunft. Ich habe eine Zeitmaschine gebaut,“ sagt Karl.

„Das ist unglaublich!“ sagt Jacques.

„Ja, das ist fantastisch,“ sagt Marie. Sie wollen die Maschine sehen.

„Können wir die Zeitmaschine sehen?“ fragt Jacques.

„Ja, natürlich,“ sagt Karl. Karl zeigt ihnen die Maschine.

„Das ist beeindruckend,“ sagt Marie.

„Du bist ein echter Erfinder,“ sagt Jacques. Sie sind sehr beeindruckt.

- beeindruckend - impressive
- berühmt - famous
- echt - real
- der Erfinder - inventor
- die Geschichte - history
- das Gemälde - painting
- lecker - delicious
- die Maschine - machine
- das Museum - museum
- die Zeitmaschine - time machine

Rückkehr nach Hause

Karl weiß, es ist Zeit zurückzukehren.

„Marie, Jacques, ich muss zurück," sagt Karl.

„Wir werden dich vermissen," sagt Marie.

„Ja, komm bald wieder," sagt Jacques. Sie umarmen sich.

„Danke für alles," sagt Karl.

„Pass auf dich auf," sagt Marie. Karl geht zu seiner Maschine. Er steigt ein.

„Gute Reise," ruft Jacques.

„Danke," sagt Karl und drückt die Knöpfe. Die Maschine macht wieder laute Geräusche. Karl fühlt sich wieder seltsam. Die Reise beginnt erneut. Die Farben und Lichter kommen zurück. Karl schaut aus dem Fenster. Die Welt verändert sich wieder schnell. Plötzlich ist alles ruhig.

„Bin ich zurück?" fragt Karl sich. Er schaut sich um. Karl ist zurück in München. Er steigt aus und ist froh, wieder zu Hause zu sein.

„Es ist schön, wieder hier zu sein," sagt Karl lächelnd.

• erneut - again
• froh - happy
• die Geräusche - noises
• die Knöpfe - buttons
• erneut - again
• die Reise - journey
• seltsam - strange
• umarmen - to hug
• vermissen - to miss
• zurückkehren - to return

Das Rätsel der Zeitreise

Die Zeitmaschine

Max ist ein Erfinder. Er hat eine Zeitmaschine gebaut.

„Ich möchte die spanische Armada sehen," sagt Max zu seinem Freund Tom.

„Das klingt spannend. Sei vorsichtig," antwortet Tom.

„Ja, ich werde vorsichtig sein," sagt Max.

Es ist das Jahr 1588. Max setzt die Maschine ein. Er drückt die Knöpfe. Die Maschine macht laute Geräusche.

„Es funktioniert!" ruft Max. Plötzlich fühlt sich Max seltsam. Er sieht viele Farben und Lichter. Max schließt die Augen.

„Was passiert jetzt?" denkt Max. Die Maschine hört auf. Max öffnet die Augen.

„Wo bin ich?" fragt Max laut. Er ist nicht im Jahr 1588.

- Armada - fleet
- das Geräusch - noise
- das Jahr - year
- laut - loud
- die Maschine - machine
- der Erfinder - inventor
- das Rätsel - mystery
- die Reise - journey
- spannend - exciting
- vorsichtig - careful

Ankunft im antiken Rom

Max schaut sich um. Er sieht alte Gebäude.

„Wo bin ich?" fragt er sich laut.

Ein Mann geht vorbei und sagt: „Du bist in Rom."

„Welches Jahr haben wir?" fragt Max den Mann.

„Es ist 200 n. Chr.", sagt der Mann.

Max ist sehr überrascht. „200 n. Chr.? Das ist unmöglich," denkt
er.

Die Zeitmaschine ist kaputt. Max schaut sie an. „Ich muss sie
verstecken," sagt er zu sich selbst.

Er findet eine Höhle. „Hier ist es sicher," denkt Max. Er versteckt
die Maschine in der Höhle. Die Maschine ist sicher.

Max muss in Rom bleiben. „Ich muss die Stadt erkunden," sagt
er.

Er beginnt, die Stadt zu erkunden. Max sieht viele Menschen.
Alle tragen Togen. Die Straßen sind voll.

„Rom ist riesig," sagt Max. Er ist gespannt auf seine Abenteuer in
der alten Stadt.

• die Abenteuer - adventures
• erkunden - to explore
• gespannt - excited
• das Gebäude - building
• kaputt - broken
• n. Chr. - AD (Anno Domini)
• riesig - huge
• die Straße - street
• die Toga - toga

• verstecken - to hide

Leben in Rom

Max läuft durch Rom. Er sieht viele Leute.

„Die Leute tragen alle Togen," denkt Max.

Er hat Hunger und kauft Brot.

„Wie viel kostet das Brot?" fragt Max.

„Ein Denar," sagt der Verkäufer.

Max gibt dem Verkäufer einen Denar und isst das Brot. Es schmeckt gut.

„Das Brot ist lecker," sagt Max.

Max besucht das Forum. Er sieht viele Stände.

„Hier gibt es viel zu kaufen," denkt Max.

Er kauft Früchte. „Wie viel für diese Äpfel?" fragt Max.

„Zwei Denare," sagt der Verkäufer.

Max zahlt und nimmt die Äpfel. Er isst einen Apfel und geht weiter.

Max sieht das Kolosseum. Es ist sehr groß.

„Wow, das ist riesig," sagt Max.

Er ist müde und sucht ein Gasthaus.

„Haben Sie ein Zimmer frei?" fragt Max den Wirt.

„Ja, wir haben ein Zimmer," sagt der Wirt.

Max bezahlt und geht in das Zimmer. Er legt sich auf das Bett und schläft schnell ein.

„Morgen erkunde ich weiter," denkt Max und schläft ein.

* der Denar - denarius
* das Forum - forum
* das Gasthaus - inn
* der Verkäufer - seller
* der Wirt - innkeeper
* erkunden - to explore
* das Kolosseum - Colosseum
* das Zimmer - room
* lecker - delicious
* riesig - huge

Abenteuer in Rom

Max besucht den Markt. Er sieht viele Tiere.

„Die Tiere sind interessant," denkt Max.

Er sieht einen Stand mit Kleidung. Max kauft eine Tunika.

„Wie viel kostet die Tunika?" fragt Max.

„Fünf Denare," sagt der Verkäufer.

Max bezahlt und zieht die Tunika an. Er fühlt sich wie ein Römer. Er sieht ein Theaterstück.

„Das ist spannend," sagt Max.

Später besucht Max die Bäder. Er schwimmt im Wasser.

„Das Wasser ist sehr warm," denkt Max.

Max trifft neue Freunde. Sie heißen Lucia und Marcus.

„Hallo, ich bin Max," sagt er.

„Hallo Max, ich bin Lucia," sagt Lucia.

„Und ich bin Marcus," sagt Marcus.

Lucia zeigt Max die Stadt.

„Das ist das Pantheon," sagt Lucia.

„Wow, es ist sehr groß," sagt Max.

Marcus erzählt Geschichten.

„Rom hat eine lange Geschichte," sagt Marcus.

„Erzähl mir mehr," sagt Max.

Max lernt viel. Er fühlt sich wohl.

„Rom ist spannend," sagt Max lächelnd.

• das Bad - bath
• die Geschichte - history
• interessant - interesting
• der Markt - market
• der Römer - Roman
• das Spannend - exciting
• die Tunika - tunic
• das Theaterstück - play
• der Verkäufer - seller
• wohl - comfortable

Gefährliche Begegnung

Max geht durch die Straßen. Ein Mann sieht ihn.

„Du siehst anders aus," sagt der Mann.

Max hat Angst. Der Mann ruft Wachen.

„Das ist ein Sklave!" ruft der Mann.

Max rennt weg. Die Wachen verfolgen ihn. Max wird gefangen.

„Ich bin kein Sklave," sagt Max.

Die Wachen glauben ihm nicht.

„Du kommst mit uns," sagen die Wachen.

Max wird eingesperrt. Er ist in Gefahr.

„Was soll ich tun?" denkt Max.

Er setzt sich auf den Boden und denkt nach.

„Ich muss einen Plan machen," sagt Max leise zu sich selbst.

- anders - different
- die Gefahr - danger
- gefangen - captured
- glauben - to believe
- leise - quietly
- der Plan - plan
- der Sklave - slave
- die Straße - street
- der Wach - guard
- weglaufen - to run away

Kampf im Kolosseum

Max wird ins Kolosseum gebracht.

„Du wirst kämpfen," sagen die Wachen.

Max hat Angst. Er sieht andere Gefangene.

„Wer seid ihr?" fragt Max.

„Wir sind auch Kämpfer," sagt ein Mann.

Max wird trainiert. Er lernt zu kämpfen.

„Das ist schwer," sagt Max.

„Du musst stark sein," sagt der Trainer.

Die Trainer sind streng. Max ist müde.

„Ich bin sehr müde," sagt Max.

„Kein Ausruhen," sagt der Trainer.

Max bekommt wenig Essen. Die Tage sind lang.

„Ich habe Hunger," sagt Max.

„Hier ist dein Essen," sagt ein Wächter.

Max denkt an die Flucht.

„Ich muss hier raus," denkt Max.

Aber es gibt keine Chance.

„Es gibt keinen Weg nach draußen," sagt ein anderer Gefangener.

Max seufzt. „Ich muss kämpfen," denkt er.

- der Gefangene - prisoner
- kämpfen - to fight
- die Chance - chance
- die Flucht - escape
- der Kämpfer - fighter
- das Kolosseum - Colosseum
- der Trainer - trainer
- der Wächter - guard
- wenig - little
- der Weg - way

Die Arena

Der Tag des Kampfes kommt. Max wird in die Arena geführt.

„Hier ist es," sagt ein Wächter.

Viele Leute sind da. Max sieht die Menge.

„Das sind viele Menschen," denkt Max. Sein Herz schlägt schnell.

„Ich bin bereit," sagt Max zu sich selbst. Der Kampf beginnt.

„Angreifen!" ruft der Trainer. Max kämpft tapfer.

Er besiegt einen Gegner. „Das war schwer," denkt Max.

Ein zweiter Gegner kommt. Max wird verletzt.

„Autsch, das tut weh," sagt Max. Der Schmerz ist stark.

„Ich muss weitermachen," denkt Max. Max kämpft weiter.

Er fällt zu Boden. „Ich kann nicht mehr," denkt er.

Die Menge jubelt. Max schließt die Augen.

„Ich hoffe, das endet bald," denkt Max.

- angreifen - to attack
- die Arena - arena
- besiegen - to defeat
- der Gegner - opponent
- die Menge - crowd
- der Schmerz - pain
- tapfer - brave
- verletzen - to injure
- weitermachen - to continue
- das Herz - heart

Das Ende

Max liegt auf dem Boden. Ein dritter Gegner kommt.

„Ich muss aufstehen," denkt Max. Max ist sehr schwach.

Er versucht aufzustehen. Der Gegner greift an.

„Nein, ich muss kämpfen," sagt Max. Max kämpft zurück.

Es ist ein harter Kampf. Die Menge jubelt.

„Du schaffst das," ruft jemand aus der Menge. Max wird schwer getroffen.

„Autsch, das tut weh," sagt Max. Er blutet stark.

„Ich kann nicht mehr," denkt Max. Max fällt wieder hin.

Er kann nicht mehr kämpfen. Max schließt die Augen.

„Das war es," denkt er. Max stirbt im Kolosseum.

• angreifen - to attack
• aufstehen - to get up
• bluten - to bleed
• die Menge - crowd
• schwach - weak
• schwer - severely
• der Gegner - opponent
• der Kampf - fight
• das Kolosseum - Colosseum
• versuchen - to try

Das Geheimnis der Zeitreisenden Hexe

Die Hexe im Mittelalter

Im Mittelalter lebt eine Hexe in Deutschland. Die Hexe heißt Klara. Klara wohnt in einem kleinen Dorf. Sie sammelt Kräuter im Wald. Die Dorfbewohner haben Angst vor Klara. Sie glauben, Klara hat magische Kräfte. Klara hilft den Kranken mit ihren Kräutern.

„Hier, nimm dieses Kraut für deine Schmerzen," sagt Klara zu einer Frau.

„Danke, Klara. Du bist so gut," sagt die Frau.

Es gibt mehr und mehr religiösen Eifer. Die Kirche predigt gegen Hexen. Die Menschen werden misstrauisch.

„Wir müssen aufpassen," sagt ein Dorfbewohner.

„Ja, Hexen sind gefährlich," sagt ein anderer.

Eines Tages wird Klara verhaftet. Die Wachen bringen sie ins Gefängnis. Klara hat große Angst.

„Warum bin ich hier?" fragt Klara.

„Du bist eine Hexe," sagt ein Wächter.

Die Folter beginnt, um ein Geständnis zu erzwingen. Klara bleibt stark und schweigt.

„Ich bin keine Hexe," sagt Klara.

- das Gefängnis - prison
- das Geständnis - confession
- die Kräuter - herbs
- der Dorfbewohner - villager
- erzwingen - to force

• der Eifer - zeal
• die Folter - torture
• misstrauisch - suspicious
• predigen - to preach
• verhaften - to arrest

Die Verzweiflung

Klara wird schwer gefoltert. Die Schmerzen sind unerträglich.

„Gib zu, dass du eine Hexe bist!" rufen die Folterer.

Klara weint und schreit. „Ich bin keine Hexe!" ruft sie.

In ihrer Verzweiflung spricht sie einen mächtigen Zauberspruch. Sie murmelt alte Worte.

„Was macht sie?" fragt ein Folterer.

Plötzlich beginnt es um sie herum zu leuchten. Die Folterer weichen zurück.

„Was passiert?" ruft ein anderer Folterer.

Klara verschwindet vor ihren Augen. Sie wird von magischen Kräften erfasst.

„Wo bin ich?" fragt Klara.

Die Welt um sie herum verschwimmt. Sie hört auf zu schreien.

Alles wird dunkel und still. Klara fühlt sich leicht und frei.

„Was ist das?" denkt sie. Sie weiß nicht, wohin sie geht.

• ertragen - to endure
• erfassen - to seize
• foltern - to torture
• leuchten - to glow

- murmeln - to murmur
- verschwimmen - to blur
- verschwinden - to disappear
- weichen - to retreat
- die Verzweiflung - despair
- der Zauberspruch - spell

Ankunft in München 1990

Klara öffnet die Augen. Sie steht in einer großen Stadt.

„Wo bin ich?" fragt sie sich.

Die Menschen tragen seltsame Kleidung. Klara sieht Autos und Busse.

„Was sind das für Wagen?" denkt sie.

Sie sieht hohe Gebäude. Klara ist verwirrt und ängstlich.

„Das kann nicht mein Dorf sein," denkt sie.

Eine Frau kommt zu ihr.

„Kann ich Ihnen helfen?" fragt die Frau.

Klara versteht die Sprache nicht. Die Frau lächelt freundlich.

„Kommen Sie mit mir," sagt die Frau und nimmt Klaras Hand.

Klara folgt der Frau zögernd.

„Ich heiße Anna," sagt die Frau.

Klara nickt und lächelt schwach. Sie fühlt sich ein wenig sicherer.

- ängstlich - anxious
- die Gebäude - buildings
- helfen - to help
- hoch - tall

• lächeln - to smile
• nicken - to nod
• seltsam - strange
• schwach - weak
• die Stadt - city
• zögern - to hesitate

Die ersten Tage in der neuen Welt

Anna bringt Klara zu ihrer Wohnung. Klara sieht viele fremde Dinge.

„Was ist das?" fragt Klara und zeigt auf den Fernseher.

„Das ist ein Fernseher," erklärt Anna.

Anna gibt Klara neue Kleidung. Klara zieht die moderne Kleidung an.

„Das fühlt sich komisch an," sagt Klara.

Anna kocht Essen für Klara. Klara isst vorsichtig.

„Das schmeckt gut," sagt Klara.

Anna zeigt Klara die Stadt. Sie gehen in einen Supermarkt.

„Das ist ein großer Laden," sagt Klara.

Klara staunt über die vielen Produkte.

„So viel Essen!" sagt Klara.

„Ja, du kannst alles hier kaufen," sagt Anna.

Klara lernt langsam die neue Welt kennen. Sie fühlt sich sicherer mit Anna.

„Ich glaube, ich mag diese neue Welt," denkt Klara.

- erklären - to explain
- fremd - strange
- die Kleidung - clothing
- komisch - strange
- langsam - slowly
- der Laden - store
- das Produkt - product
- sicher - safe
- staunen - to be amazed
- vorsichtig - carefully

Abenteuer in der neuen Zeit

Klara geht alleine spazieren. Sie sieht viele neue Dinge.

„Das ist eine andere Welt," denkt Klara.

Klara besucht ein Museum. Sie sieht Bilder und Statuen.

„Das ist alles so anders," denkt Klara.

Klara geht in einen Park. Sie sieht Kinder spielen.

„Die Menschen hier sind glücklich," sagt Klara.

Klara trifft einen alten Mann.

„Hallo, ich bin Hans," sagt er.

„Hallo, ich bin Klara," sagt sie.

Klara spricht mit Hans. Er erzählt ihr von der Geschichte Deutschlands.

„Es gibt so viel zu lernen," sagt Hans.

Klara hört gespannt zu.

„Das ist sehr interessant," sagt Klara.

Sie fühlt sich nicht mehr so allein.

„Ich habe einen neuen Freund gefunden,“ denkt sie.

Klara beginnt, sich in der neuen Welt zurechtzufinden.

• anders - different
• die Geschichte - history
• glücklich - happy
• gespannt - attentive
• interessant - interesting
• lernen - to learn
• alleine - alone
• das Museum - museum
• spazieren - to walk
• zurechtfinden - to find one's way

Ein neues Leben

Klara sucht nach Arbeit. Sie findet eine Stelle in einer Bäckerei.

„Kann ich hier arbeiten?“ fragt Klara.

„Ja, wir brauchen Hilfe,“ sagt der Chef.

Klara lernt, Brot und Kuchen zu backen.

„Du bist eine gute Bäckerin,“ sagt der Chef.

Klara freut sich über das Lob. Sie verdient eigenes Geld.

„Ich kann jetzt meine Sachen kaufen,“ denkt Klara.

Klara kauft neue Kleidung. Sie mietet eine kleine Wohnung.

„Das ist mein Zuhause,“ sagt Klara stolz.

Klara findet neue Freunde.

„Hallo, ich bin Maria,“ sagt eine Frau.

„Hallo Maria, ich bin Klara," sagt Klara.

Sie geht oft mit ihren neuen Freunden aus. Klara besucht Konzerte und Theater.

„Das ist spannend," sagt Klara.

Sie lernt die moderne Kultur kennen. Klara fühlt sich wohl.

„Ich mag diese Stadt," denkt Klara.

Sie ist glücklich in ihrer neuen Welt.

„Ich habe mein neues Leben gefunden," sagt Klara lächelnd.

• die Bäckerei - bakery
• das Konzert - concert
• das Lob - praise
• mieten - to rent
• modern - modern
• die Kultur - culture
• stolz - proud
• verdienen - to earn
• die Wohnung - apartment
• wohlfühlen - to feel comfortable

Ein fester Platz in der neuen Zeit

Klara wird Teil der Gemeinschaft. Die Menschen mögen sie.

„Du bist etwas Besonderes," sagt Anna.

Klara lächelt dankbar. Sie hilft anderen Menschen.

„Kannst du mir mit den Kräutern helfen?" fragt ein Nachbar.

„Ja, natürlich," sagt Klara.

Klara gibt Kräuterkunde-Kurse. Die Leute lernen viel von ihr.

„Diese Kräuter sind gut für den Magen," erklärt Klara.

„Das ist sehr interessant," sagt ein Schüler.

Klara fühlt sich gebraucht. Sie besucht ihre alte Heimat im Traum.

„Ich habe meinen Platz gefunden," denkt Klara.

Klara genießt ihr neues Leben. Sie ist froh, dass der Zauber sie hierher gebracht hat.

„Ich liebe München und die Menschen hier," sagt Klara.

Sie denkt oft an die Vergangenheit.

„Es war eine schwierige Zeit," denkt sie.

Doch sie weiß, dass sie jetzt in der richtigen Zeit ist.

„Hier gehöre ich hin," sagt Klara und lächelt.

- besonders - special
- die Gemeinschaft - community
- die Kräuter - herbs
- die Kräuterkunde - herbalism
- der Magen - stomach
- die Vergangenheit - past
- dankbar - grateful
- der Nachbar - neighbor
- die Heimat - homeland
- gebraucht - needed

Das Geheimnis der Zeit

Ein Unglück passiert

Maria und Florian sitzen am Frühstückstisch. Florian isst sein Brot. Maria trinkt Kaffee.

„Florian, wo gehst du heute hin?" fragt Maria.

„Ich fahre mit dem Zug nach Berlin," sagt Florian.

Maria lächelt. „Pass gut auf dich auf."

„Ja, Mama. Ich lese ein Buch im Zug," sagt Florian und zeigt sein Buch.

„Welches Buch liest du?" fragt Maria.

„Ein spannendes Buch über Abenteuer," sagt Florian.

Später ist Florian im Zug. Der Zug fährt schnell. Florian liest sein Buch. Der Zug ist voll mit vielen Menschen.

Plötzlich gibt es eine laute Explosion. „Was war das?" ruft ein Mann.

Es gibt viel Rauch und Feuer. Die Menschen schreien. Eine Bombe explodiert. Viele Menschen sterben. Auch Florian stirbt.

Maria sitzt zu Hause und wartet. Sie sieht die Nachrichten im Fernsehen.

„Ein Zug in Berlin explodierte heute," sagt der Nachrichtensprecher.

Maria schreit: „Florian!"

Maria ist sehr traurig. Sie weint viel. Sie denkt an Florian. „Ich will die Zeit zurückdrehen," sagt sie leise.

Sie hat eine Idee. Maria will Florian retten.

- die Abenteuer - adventures
- die Explosion - explosion
- explodieren - to explode
- der Frühstückstisch - breakfast table
- die Nachricht - news
- der Nachrichtensprecher - news announcer
- der Rauch - smoke
- retten - to save
- spannend - exciting
- sterben - to die

Marias Plan

Maria sitzt allein in ihrem Zimmer. Sie denkt an Florian und weint. Plötzlich hat sie eine Idee.

„Ich will Florian retten," sagt Maria.

Sie steht auf und geht zur alten Bibliothek. Dort findet sie ein altes Buch. Das Buch ist über Magie. Maria öffnet das Buch und liest.

„Ein Zauberspruch, der die Zeit verändern kann," liest sie laut.

Maria lernt den Zauberspruch. Es ist sehr schwierig. Sie übt jeden Tag. Sie spricht die Worte:

„Tempus reverti, tempus mutare."

Aber nichts passiert.

„Ich brauche viel Geduld," sagt Maria zu sich selbst.

Sie übt weiter. Jeden Tag spricht sie den Zauberspruch.

Endlich, nach vielen Tagen, passiert etwas. Das Licht im Raum verändert sich. Maria lächelt.

„Es funktioniert!" ruft sie.

Maria spricht den Zauberspruch noch einmal. Alles um sie herum wird dunkel. Dann wird es wieder hell. Maria ist jetzt in der Vergangenheit.

„Ich bin zurück,“ sagt sie leise.

Maria sucht nach Florian. Sie geht zu seinem Haus. Sie klopft an die Tür. Florian öffnet die Tür.

„Mama? Was machst du hier?“ fragt Florian.

„Ich bin hier, um dich zu retten,“ sagt Maria.

Florian sieht verwirrt aus. „Warum?“

Maria nimmt seine Hand. „Vertrau mir.“

Maria hat Hoffnung. Sie will Florian retten.

- Bibliothek - library
- die Geduld - patience
- klopfen - to knock
- leise - quietly
- die Magie - magic
- retten - to save
- der Zauberspruch - spell
- üben - to practice
- verändern - to change
- verwirrt - confused

Der erste Versuch

Maria findet Florian in der Küche. Er isst gerade Frühstück.

„Florian, du darfst nicht in den Zug steigen,“ sagt Maria ernst.

„Warum, Mama?“ fragt Florian überrascht.

„Bitte, vertrau mir. Bleib heute zu Hause,“ bittet Maria.

Florian sieht seine Mutter an und nickt. „Okay, Mama. Ich bleibe zu Hause."

Maria ist glücklich. „Danke, Florian."

Florian bleibt den ganzen Tag zu Hause. Er liest sein Buch und spielt Spiele. Maria ist erleichtert.

Aber die Terroristen sind böse. Sie suchen nach Florian. Sie finden sein Haus.

„Wir müssen etwas tun," sagt ein Terrorist.

Sie legen eine Bombe vor Florians Haus. Es gibt eine große Explosion.

„Was war das?" ruft Florian.

Das Haus brennt. Es gibt viel Rauch und Feuer. Florian versucht zu entkommen, aber es ist zu spät. Florian stirbt wieder.

Maria sieht die Nachrichten im Fernsehen. Sie weint. „Nein, nicht wieder."

Sie ist sehr traurig. Aber sie gibt nicht auf.

„Ich werde es noch einmal versuchen," sagt Maria entschlossen.

Sie spricht den Zauberspruch erneut: „Tempus reverti, tempus mutare."

Alles um sie herum wird dunkel. Dann wird es wieder hell. Maria ist bereit für einen neuen Versuch, Florian zu retten.

• entschlossen - determined
• erleichtert - relieved
• ernst - serious
• der Terrorist - terrorist
• die Explosion - explosion
• versuchen - to try

- vertrauen - to trust
- der Rauch - smoke
- erneut - again
- entkommen - to escape

Der zweite Versuch

Maria ist wieder in der Vergangenheit. Sie findet Florian im Garten.

„Florian, komm mit mir in den Park," sagt Maria.

„Warum, Mama?" fragt Florian.

„Es ist sicherer dort. Vertrau mir," sagt Maria.

Florian nickt. „Okay, Mama."

Sie gehen zusammen in den Park. Florian spielt mit einem Ball. Maria passt gut auf ihn auf.

Plötzlich kommen die Terroristen in den Park. Sie haben Waffen.

„Mama, wer sind diese Männer?" fragt Florian ängstlich.

„Versteck dich, schnell!" sagt Maria.

Maria versteckt Florian hinter einem Baum. Die Terroristen suchen im Park.

„Wo ist der Junge?" fragt einer der Terroristen.

Sie suchen überall und finden Florian. Es gibt einen Kampf.

„Lasst meinen Sohn in Ruhe!" schreit Maria.

Die Terroristen sind zu stark. Einer von ihnen schießt auf Florian. Florian wird erschossen.

„Nein, Florian!" schreit Maria und weint.

Maria ist sehr traurig. Aber sie gibt nicht auf.

„Ich muss es noch einmal versuchen," sagt Maria.

Sie spricht den Zauberspruch erneut: „Tempus reverti, tempus mutare."

Alles um sie herum wird dunkel. Dann wird es wieder hell. Maria ist bereit für einen neuen Versuch, Florian zu retten.

- ängstlich - anxious
- erschießen - to shoot
- der Garten - garden
- hinter - behind
- der Junge - boy
- der Kampf - fight
- passen auf - to look after
- der Terrorist - terrorist
- verstecken - to hide
- die Waffe - weapon

Der dritte Versuch

Maria ist wieder in der Vergangenheit. Sie denkt an einen neuen Plan.

„Florian, komm mit mir," sagt Maria.

„Wohin gehen wir, Mama?" fragt Florian.

„Wir gehen in ein Hotel," sagt Maria.

Maria und Florian gehen in ein großes Hotel. Sie bekommen ein Zimmer und verstecken sich dort.

„Wir bleiben im Zimmer. Es ist sicher hier," sagt Maria.

Florian sitzt auf dem Bett. „Warum verstecken wir uns, Mama?"

„Es ist besser so," antwortet Maria.

Die Terroristen suchen nach Florian. Sie finden das Hotel.

„Wir haben eine Bombendrohung," sagt ein Mann im Hotel.

Das Hotel wird evakuiert. Alle Menschen gehen nach draußen.

„Mama, was machen wir jetzt?" fragt Florian.

„Wir müssen draußen bleiben, bis es sicher ist," sagt Maria.

Plötzlich explodiert die Bombe. Es gibt eine große Explosion. Menschen schreien und rennen.

„Florian, pass auf!" ruft Maria.

Aber es ist zu spät. Die Bombe trifft Florian. Er wird schwer verletzt.

„Nein, Florian!" schreit Maria und weint.

Maria ist verzweifelt. Sie hält Florians Hand.

„Ich muss es noch einmal versuchen," sagt sie entschlossen.

Sie spricht den Zauberspruch erneut: „Tempus reverti, tempus mutare."

Alles um sie herum wird dunkel. Dann wird es wieder hell. Maria ist bereit für einen neuen Versuch, Florian zu retten.

• entschlossen - determined
• evakuieren - to evacuate
• die Explosion - explosion
• die Vergangenheit - past
• der Plan - plan
• die Bombendrohung - bomb threat
• rennen - to run
• schwer verletzt - seriously injured
• verstecken - to hide
• verzweifelt - desperate

Der vierte Versuch

Maria ist wieder in der Vergangenheit. Sie denkt nach.

„Florian, wir müssen aufs Land gehen," sagt Maria.

„Warum, Mama?" fragt Florian.

„Es ist sicherer dort. Wir bleiben bei Verwandten," sagt Maria.

Maria und Florian fahren aufs Land. Sie kommen bei ihren Verwandten an.

„Hallo, Maria! Hallo, Florian! Willkommen!" sagt die Tante.

„Wir müssen hier bleiben. Es ist wichtig," sagt Maria.

Alles scheint ruhig. Florian spielt draußen. Maria ist wachsam.

Plötzlich kommen die Terroristen mit einem Auto. Sie suchen das Haus.

„Florian, schnell! Komm mit mir," sagt Maria.

Sie versteckt Florian im Keller. „Bleib hier. Sei leise," sagt Maria.

Die Terroristen finden das Haus. Sie haben Feuerzeuge.

„Wo ist der Junge?" fragt ein Terrorist.

Sie setzen das Haus in Brand. Es gibt viel Rauch und Feuer. Das Haus brennt.

„Florian, nein!" ruft Maria.

Florian kann nicht entkommen. Er stirbt im Feuer.

„Nein, mein Sohn!" schreit Maria und weint wieder.

Maria ist sehr traurig, aber sie gibt nicht auf.

„Ich muss es noch einmal versuchen," sagt sie entschlossen.

Sie spricht den Zauberspruch erneut: „Tempus reverti, tempus mutare."

Alles um sie herum wird dunkel. Dann wird es wieder hell. Maria ist bereit für einen neuen Versuch, Florian zu retten.

• aufs Land - to the countryside
• der Brand - fire
• entschlossen - determined
• entkommen - to escape
• die Feuerzeuge - lighters
• der Keller - basement
• der Terrorist - terrorist
• traurig - sad
• der Verwandte - relative
• wachsam - vigilant

Der fünfte Versuch

Maria ist wieder in der Vergangenheit. Sie will etwas Neues probieren.

„Florian, wir gehen ins Ausland," sagt Maria.

„Ins Ausland? Wohin?" fragt Florian.

„Wir fliegen in ein anderes Land. Es ist sicherer dort," sagt Maria.

Maria und Florian fliegen in ein anderes Land. Sie kommen in einem fremden Land an.

„Hier sind wir sicher," sagt Maria.

Florian sieht sich um. „Es ist schön hier, Mama."

Aber die Terroristen finden sie. Es gibt eine Verfolgungsjagd.

„Mama, sie sind hinter uns her!" ruft Florian.

„Schnell, Florian! Wir müssen rennen," sagt Maria.

Maria und Florian rennen durch die Straßen. Die Terroristen sind schnell.

„Sie kommen näher!" sagt Florian ängstlich.

Florian wird gefangen. Die Terroristen halten ihn fest.

„Lasst ihn los!" schreit Maria.

Maria kämpft gegen die Terroristen. Aber sie sind zu stark.

„Florian, nein!" ruft Maria verzweifelt.

Florian stirbt wieder.

Maria ist sehr traurig, aber sie gibt nicht auf.

„Ich muss es noch einmal versuchen," sagt sie entschlossen.

Sie spricht den Zauberspruch erneut: „Tempus reverti, tempus mutare."

Alles um sie herum wird dunkel. Dann wird es wieder hell. Maria ist bereit für einen neuen Versuch, Florian zu retten.

• das Ausland - abroad
• die Verfolgungsjagd - chase
• entschlossen - determined
• fremd - foreign
• gefangen - captured
• hinterher - after
• rennen - to run
• sicher - safe
• verzweifelt - desperate
• näher - closer

Die Erkenntnis

Maria ist wieder in der Vergangenheit. Sie denkt viel nach.

„Ich muss Florian retten,“ sagt Maria zu sich selbst.

Sie versucht, einen neuen Plan zu machen. Aber es ist immer schwer.

„Die Terroristen sind immer da,“ denkt sie.

Maria probiert viele Dinge. Sie geht in den Park, ins Hotel, aufs Land, ins Ausland. Aber jedes Mal passiert etwas Schlimmes.

Florian stirbt immer wieder.

Maria ist sehr müde. „Ich kann nicht mehr,“ sagt sie leise.

Dann versteht sie etwas. „Die Vergangenheit kann man nicht ändern,“ denkt Maria.

Sie sitzt still und denkt nach. „Ich muss das akzeptieren.“

Maria akzeptiert es. Sie weiß, sie muss weiterleben.

„Florian bleibt in meinem Herzen,“ sagt Maria.

Sie fühlt sich stark. Maria steht auf und geht nach draußen.

Das Leben geht weiter, und Maria geht mit.

- akzeptieren - to accept
- das Ausland - abroad
- das Herz - heart
- leise - quietly
- müde - tired
- der Plan - plan
- probieren - to try
- retten - to save
- schwer - difficult

• weiterleben - to continue living

Das Geheimnis des Wurmlochs

Die Reise ins Unbekannte

Ein Team deutscher Astronauten fliegt durch den Weltraum. Sie sind auf einer Mission in der fernen Zukunft. Ihr Raumschiff ist groß und modern. Die Astronauten sprechen miteinander.

„Alles läuft gut," sagt einer der Astronauten.

„Ja, die Systeme funktionieren perfekt," antwortet ein anderer.

Plötzlich sehen sie ein seltsames Licht.

„Was ist das?" fragt ein anderer Astronaut.

„Ich weiß es nicht," sagt der Pilot.

Das Raumschiff fliegt in das Licht. Sie wissen nicht, was passiert. Alles wird hell und dann dunkel.

„Was war das?" fragt der Navigator.

„Keine Ahnung," sagt der Ingenieur.

Sie fliegen durch ein Wurmloch. Die Instrumente sind verrückt.

„Wo sind wir?" fragt der Pilot.

„Ich kann es nicht sagen," antwortet der Ingenieur.

„Wir müssen zurück zur Erde," sagt der Kommandant.

„Ich versuche es," sagt der Pilot.

Sie fliegen zurück zur Erde. Nach einer Weile sehen sie die Erde.

„Da ist die Erde!" ruft ein Astronaut.

„Landekurs setzen," sagt der Kommandant.

Der Pilot steuert das Raumschiff zur Erde. Sie hoffen, dass alles in Ordnung ist.

- der Astronaut - astronaut
- das Instrument - instrument
- der Ingenieur - engineer
- der Kommandant - commander
- die Mission - mission
- der Navigator - navigator
- das Raumschiff - spaceship
- steuern - to steer
- der Weltraum - space
- das Wurmloch - wormhole

Die unerwartete Ankunft

Die Astronauten fliegen zurück zur Erde.

„Warum können wir keinen Funkkontakt herstellen?" fragt der Ingenieur.

„Ich weiß es nicht. Versuchen wir es noch einmal," sagt der Kommandant.

Sie versuchen es immer wieder. Es gibt keine Antwort.

„Das ist seltsam. Wir landen," sagt der Kommandant.

Das Raumschiff landet auf der Erde.

„Wo sind wir?" fragt der Navigator.

Die Navigation führt sie nach Mesopotamien.

„Das ist nicht Deutschland," sagt ein Astronaut.

Sie steigen aus dem Raumschiff. Es gibt viele Menschen.

„Die Menschen sehen primitiv aus," sagt der Ingenieur.

Ein Mann kommt näher. „Wer seid ihr?" fragt ein Sumerer.

Die Astronauten sind überrascht.

„Wir sind Astronauten aus Deutschland,“ sagt der Kommandant.

„Deutschland? Ich kenne diesen Ort nicht,“ sagt der Sumerer.

„Wir brauchen Hilfe mit unserem Raumschiff,“ sagt der Ingenieur.

Der Sumerer schaut sie neugierig an. „Kommt mit uns. Wir helfen euch,“ sagt er.

Die Astronauten folgen dem Sumerer ins Dorf. Sie sind gespannt, was sie dort finden werden.

* Astronaut - astronaut
* Funkkontakt - radio contact
* Ingenieur - engineer
* Kommandant - commander
* Mesopotamien - Mesopotamia
* Navigator - navigator
* neugierig - curious
* primitiv - primitive
* Raumschiff - spaceship
* Sumerer - Sumerian

Begegnung mit den Sumerern

Die Astronauten treffen die Sumerer.

„Wir sind von einem anderen Ort,“ sagt der Kommandant.

Die Sumerer verstehen nicht.

„Was meint ihr?“ fragt ein Sumerer.

„Wir brauchen Hilfe,“ sagt der Ingenieur.

Die Sumerer sind neugierig.

„Kommt mit uns," sagt ein Sumerer.

Die Astronauten folgen den Sumerern. Sie gehen in ein Dorf. Die Häuser sind aus Lehm.

„Hier wohnen wir," sagt ein Sumerer.

Die Sumerer zeigen ihnen das Dorf. Es gibt viele kleine Häuser und Felder.

„Wir brauchen Metalle," sagt der Kommandant.

„Metalle? Wofür?" fragt ein Sumerer.

„Für unser Raumschiff," sagt der Ingenieur.

Die Sumerer verstehen langsam.

„Ah, Metalle! Wir haben Kupfer," sagt ein älterer Sumerer.

„Wir helfen euch," sagt er.

Die Astronauten sind erleichtert.

„Danke, das ist sehr wichtig," sagt der Kommandant.

„Kommt, wir zeigen euch, wo wir das Kupfer haben," sagt der ältere Sumerer.

Die Astronauten folgen ihm. Sie sind froh, dass die Sumerer helfen können.

• der Astronaut - astronaut
• das Dorf - village
• erleichtert - relieved
• das Feld - field
• der Ingenieur - engineer
• der Kommandant - commander
• der Lehm - clay
• das Metall - metal

- das Raumschiff - spaceship
- der Sumerer - Sumerian

Die Zusammenarbeit beginnt

Die Astronauten und Sumerer arbeiten zusammen.

„Wir brauchen Werkzeuge," sagt der Ingenieur.

Die Sumerer zeigen ihre Werkzeuge.

„Hier sind unsere Werkzeuge," sagt ein Sumerer.

Der Ingenieur schaut sie an. „Wir brauchen bessere Werkzeuge," sagt er.

Die Astronauten zeigen, wie man bessere Werkzeuge macht.

„Schaut, so macht man ein starkes Werkzeug," sagt der Ingenieur.

Die Sumerer lernen schnell. „Ah, jetzt verstehen wir," sagt ein Sumerer.

„Wir brauchen diese Metalle," sagt der Ingenieur und zeigt eine Liste.

Die Sumerer helfen, die Metalle zu finden.

„Das ist Kupfer," sagt ein Sumerer und zeigt auf einen Haufen.

„Das ist Gold," sagt ein anderer Sumerer und zeigt auf einen anderen Haufen.

Die Astronauten sind glücklich. „Das ist perfekt," sagt der Ingenieur.

„Wir können das Raumschiff reparieren," sagt der Ingenieur zu den anderen Astronauten.

Die Sumerer sind stolz. „Wir haben gut geholfen," sagt ein Sumerer.

„Ihr seid unsere Götter,“ sagen die Sumerer.

Die Astronauten lächeln. „Nein, wir sind nur Freunde,“ sagt der Kommandant.

Die Zusammenarbeit geht weiter, und alle sind glücklich.

• Astronaut - astronaut
• das Gold - gold
• der Haufen - pile
• der Ingenieur - engineer
• die Liste - list
• das Kupfer - copper
• der Kommandant - commander
• die Zusammenarbeit - cooperation
• das Werkzeug - tool
• zeigen - to show

Die Entwicklung der Zivilisation

Die Sumerer verehren die Astronauten.

„Ihr seid unsere Götter,“ sagen sie immer wieder.

Die Astronauten helfen den Sumerern. Sie bauen bessere Häuser.

„So macht man Ziegel,“ sagt ein Astronaut und zeigt die Technik.

Die Sumerer lernen schnell. „Ah, jetzt verstehen wir,“ sagt ein Sumerer.

Sie bauen große Gebäude. „Schaut, unsere Häuser sind stark,“ sagt ein anderer Sumerer stolz.

„Wir brauchen Wasser,“ sagt der Kommandant.

Die Astronauten zeigen, wie man Kanäle baut. „So bringt man Wasser zu den Feldern,“ erklärt der Ingenieur.

Das Wasser fließt zu den Feldern. Die Ernten sind besser.

„Unsere Pflanzen wachsen gut," sagt ein Sumerer glücklich.

„Danke, Götter," sagen die Sumerer.

Die Astronauten sind froh, helfen zu können. „Es macht uns glücklich, euch zu helfen," sagt der Ingenieur.

Sie planen die Reparatur des Raumschiffs. „Bald können wir nach Hause fliegen," sagt der Kommandant.

Die Sumerer schauen zu und lernen viel. Die Zusammenarbeit ist stark, und beide Seiten profitieren.

• die Astronauten - astronauts
• die Ernte - harvest
• fließen - to flow
• froh - happy
• das Gebäude - building
• der Ingenieur - engineer
• der Kanal - canal
• profitieren - to benefit
• verehren - to worship
• der Ziegel - brick

Fortschritte und Herausforderungen

Die Astronauten arbeiten am Raumschiff.

„Wir brauchen mehr Metalle," sagt der Ingenieur.

Die Sumerer helfen eifrig. Sie bringen Kupfer und Gold.

„Wir brauchen auch Silber," sagt ein Astronaut.

Die Sumerer finden Silber und bringen es zu den Astronauten.

Die Astronauten sind glücklich. „Das ist gut. Danke,“ sagt der Ingenieur.

„Das Raumschiff ist fast fertig,“ sagt der Ingenieur.

Plötzlich gibt es ein Problem.

„Ein Teil ist kaputt,“ sagt der Ingenieur besorgt.

Die Sumerer sind besorgt. „Könnt ihr es reparieren?“ fragen sie.

„Ja, aber es dauert länger,“ sagt der Ingenieur.

„Wir helfen euch,“ sagen die Sumerer.

Die Arbeit geht weiter. Die Astronauten und Sumerer arbeiten zusammen.

„Das ist schwer, aber wir schaffen es,“ sagt der Kommandant.

„Ja, wir sind ein gutes Team,“ sagt ein Sumerer.

Die Astronauten und Sumerer sind entschlossen. Sie wissen, dass sie es gemeinsam schaffen können.

• der Astronaut - astronaut
• besorgt - worried
• eifrig - eager
• entschlossen - determined
• das Kupfer - copper
• das Metall - metal
• das Raumschiff - spaceship
• schaffen - to accomplish
• das Silber - silver
• das Teil - part

Die letzte Vorbereitung

Das Raumschiff ist fast fertig. Die Astronauten sind aufgeregt.

„Bald fliegen wir nach Hause,“ sagt der Kommandant.

Die Sumerer sind traurig. „Bleibt bei uns,“ sagen sie.

„Wir müssen nach Hause,“ sagt der Kommandant.

Die Astronauten bereiten alles vor. „Alle Systeme sind bereit,“ sagt der Ingenieur.

Die Sumerer bringen Geschenke. „Das ist für euch,“ sagt ein Sumerer und überreicht ein Geschenk.

„Danke für eure Hilfe,“ sagen die Astronauten.

„Ihr seid unsere Freunde,“ sagen die Sumerer.

Die Astronauten steigen ins Raumschiff. „Lebt wohl,“ sagen sie.

Die Sumerer winken. „Kommt wieder,“ rufen sie.

Das Raumschiff startet. Die Astronauten schauen aus dem Fenster.

„Wir haben viel gelernt,“ sagt der Ingenieur.

„Ja, es war ein großes Abenteuer,“ sagt der Kommandant.

Das Raumschiff fliegt in den Himmel. Die Sumerer schauen zu, bis es verschwindet.

- Abenteuer - adventure
- aufgeregt - excited
- bereit - ready
- Geschenk - gift
- Ingenieur - engineer
- Kommandant - commander
- vorbereiten - to prepare

- starten - to launch
- traurig - sad
- überreichen - to present

Die Abreise

Das Raumschiff fliegt in den Himmel. Die Sumerer winken.

„Sie sind unsere Götter," sagen sie.

Die Astronauten sind froh. „Wir fliegen nach Hause," sagt der Kommandant.

Sie verlassen die Erde. „Das war ein Abenteuer," sagt ein Astronaut.

„Ja, ein großes Abenteuer," sagt ein anderer.

Sie fliegen durch den Weltraum. Die Erde wird kleiner.

„Bald sind wir zu Hause," sagt der Kommandant.

Die Astronauten sind glücklich. „Wir haben viel gelernt," sagt der Ingenieur.

„Ja, und wir haben neue Freunde gefunden," sagt der Kommandant.

Das Raumschiff fliegt weiter. Die Astronauten schauen nach vorne.

„Die Zukunft ist aufregend," sagt ein Astronaut.

„Ja, und wir sind bereit," sagt der Kommandant.

Das Raumschiff fliegt durch die Sterne. Die Astronauten lächeln.

- Abenteuer - adventure
- aufregend - exciting
- Astronaut - astronaut

- der Ingenieur - engineer
- kleiner - smaller
- der Kommandant - commander
- der Stern - star
- verlassen - to leave
- weiterfliegen - to continue flying
- der Weltraum - space

Das Geheimnis der Träume

Die ersten Träume

Andreas hat einen seltsamen Traum. Er ist in einer anderen Zeit. Es sieht aus wie die Vergangenheit. Andreas wacht auf und denkt nach.

„Was für ein seltsamer Traum," sagt er.

Am nächsten Tag hat er wieder einen Traum. Er ist an einem anderen Ort. Die Träume werden häufiger. Andreas ist verwirrt.

„Warum habe ich diese Träume?" fragt er sich.

Er erzählt seinem Freund davon.

„Vielleicht ist es nur Stress," sagt der Freund.

Andreas ist nicht überzeugt. Er hat Angst vor dem nächsten Traum.

„Was passiert, wenn ich wieder einschlafe?" denkt Andreas.

Sein Freund versucht, ihn zu beruhigen. „Mach dir keine Sorgen. Es wird alles gut."

Aber Andreas hat Angst. „Ich hoffe, du hast recht," sagt er leise.

Er geht ins Bett und schließt die Augen. „Bitte, keine Träume heute Nacht," flüstert er.

Doch tief in seinem Inneren weiß Andreas, dass er keine Kontrolle hat.

- beruhigen - to calm
- häufiger - more frequent
- Kontrolle - control
- leise - quietly
- seltsam - strange

- sorgen - worries
- Stress - stress
- tief - deep
- träumen - to dream
- verwirrt - confused

Das Mittelalter

Andreas träumt wieder. Diesmal ist er im Mittelalter. Er trägt alte Kleidung. Er sieht Ritter und Burgen.

„Wo bin ich?" fragt Andreas sich selbst.

Er geht durch ein Dorf. Es gibt viele Menschen und Tiere. Plötzlich gibt es einen Kampf. Zwei Männer kämpfen mit Schwertern.

Andreas wird verletzt. Ein Schwert trifft seinen Arm. Ein Ritter hilft ihm.

„Du bist verletzt," sagt der Ritter.

Andreas sieht Blut an seinem Arm. Er hat starke Schmerzen.

„Es tut weh," sagt Andreas schwach.

Der Ritter versucht, ihm zu helfen. Aber Andreas wird ohnmächtig.

Er wacht in seinem Bett auf. Der Schmerz ist immer noch da. Andreas sieht seinen Arm an und ist schockiert.

„Das kann nicht sein," sagt er leise. „Es war kein Traum."

Er fühlt den Schmerz und sieht das Blut. Andreas versteht, dass er wirklich durch die Zeit gereist ist. Er hat Angst, wieder einzuschlafen.

- Burg - castle

- Dorf - village
- Kämpfen - to fight
- Mittelalter - Middle Ages
- Ohnmächtig - unconscious
- Schmerz - pain
- Schwert - sword
- Traum - dream
- Verletzen - to injure
- Zeitreise - time travel

Die Entdeckung

Andreas sieht die Verletzung an seinem Arm. „Das kann nicht sein," sagt er. Er erinnert sich an den Traum.

„Das war kein Traum," denkt er.

Andreas versteht die Wahrheit. Er reist durch die Zeit. „Wie ist das möglich?" fragt er sich. Er hat Angst.

„Was passiert beim nächsten Schlaf?" denkt er.

Er sucht nach Antworten. Andreas liest Bücher über Zeitreisen. Nichts hilft ihm.

„Was soll ich tun?" fragt er sich laut. Andreas fühlt sich allein. Niemand kann ihm helfen.

Er sieht aus dem Fenster und denkt nach. „Warum passiert das mir?"

Die Nacht kommt näher. Andreas hat Angst vor dem Schlafen. „Ich will nicht wieder reisen," sagt er leise.

Er fürchtet die Nacht und die Träume, die kommen könnten. Andreas weiß nicht, wie er die Zeitreisen stoppen kann.

- Angst - fear

- Antwort - answer
- erinnern - to remember
- fürchten - to fear
- möglich - possible
- Schlaf - sleep
- stoppen - to stop
- Traum - dream
- Verletzung - injury
- Zeitreise - time travel

Der nächste Traum

Andreas schläft wieder ein. Er ist wieder in einer anderen Zeit. Diesmal ist er in der Zukunft. Die Welt ist sehr anders.

„Wo bin ich jetzt?" fragt Andreas sich selbst.

Er sieht fliegende Autos. Die Menschen tragen seltsame Kleidung. Andreas versucht zu sprechen.

„Entschuldigung, wo bin ich?" fragt er einen Mann.

Niemand versteht ihn. Der Mann schaut ihn nur an und geht weiter. Andreas ist verwirrt und ängstlich.

„Was mache ich hier?" denkt er.

Plötzlich gibt es eine Explosion. Andreas wird weggeschleudert. Er hat Angst.

„Was passiert hier?" schreit er.

Er wacht auf. Sein Kopf tut weh. Andreas sieht sich um und merkt, dass er wieder in seinem Bett ist.

„Warum passiert das immer wieder?" fragt er sich.

Er spürt den Schmerz in seinem Kopf und denkt an den Traum. Andreas weiß, dass es mehr als nur ein Traum war.

- anders - different
- Angst - fear
- entschuldigen - to excuse
- Explosion - explosion
- fliegen - to fly
- Kopf - head
- merken - to notice
- Schmerz - pain
- seltsam - strange
- weggeschleudert - thrown away

Die Wahrheit akzeptieren

Andreas akzeptiert seine Fähigkeit. Er weiß, dass er keine Träume hat. Er reist wirklich durch die Zeit.

„Warum passiert das?" fragt er sich. Er hat keine Antwort. Andreas hat Angst.

„Was passiert, wenn ich wieder einschlafe?" denkt er.

Er will nicht schlafen. Aber er ist müde. Andreas kämpft gegen den Schlaf.

„Ich will nicht wieder reisen," sagt er laut.

Es ist schwer. Er verliert den Kampf. Andreas schläft ein.

„Ich kann es nicht ändern," denkt er im Halbschlaf.

Er ist bereit für das Unbekannte. Andreas weiß, dass er keine Kontrolle hat.

- akzeptieren - to accept
- Antwort - answer
- Fähigkeit - ability

- Halbschlaf - half-sleep
- kämpfen - to fight
- Kontrolle - control
- müde - tired
- schwer - difficult
- unbekannt - unknown
- verlieren - to lose

Die Gefahr

Andreas ist wieder in der Vergangenheit. Diesmal in einem alten Krieg. Es gibt viele Soldaten. Andreas versteckt sich.

„Ich will hier nicht sein," flüstert Andreas.

Er hat Angst. Ein Soldat sieht ihn.

„Wer bist du?" fragt der Soldat laut.

Andreas rennt weg. Der Soldat verfolgt ihn.

„Halt!" ruft der Soldat.

Andreas fällt hin. Er hat Schmerzen und kann nicht aufstehen. Der Soldat kommt näher.

„Bitte, lass mich in Ruhe," sagt Andreas.

Andreas schließt die Augen. Er wartet auf das Schlimmste.

Plötzlich wacht er in seinem Bett auf. Sein Herz schlägt schnell.

„Es war so real," sagt Andreas leise zu sich selbst.

Er atmet tief durch und versucht, sich zu beruhigen. Andreas weiß, dass die Gefahr real ist.

- atmen - to breathe
- beruhigen - to calm down

* fallen - to fall
* flüstern - to whisper
* folgen - to follow
* Gefahr - danger
* Krieg - war
* Schmerz - pain
* Soldat - soldier
* verstecken - to hide

Die letzte Reise

Andreas hat Angst zu schlafen. Er weiß nicht, wohin er reisen wird. Aber er ist müde.

„Ich muss schlafen," sagt Andreas zu sich selbst.

Er legt sich ins Bett. Andreas schläft ein.

Er ist in einer dunklen Zeit. Alles ist still.

„Wo bin ich?" fragt Andreas leise.

Er sieht keinen Ausweg. Andreas geht weiter.

„Ich muss einen Weg finden," denkt er.

Er fühlt sich verloren. Plötzlich ist es sehr kalt. Andreas zittert.

„Es ist so kalt hier," sagt er und hält sich die Arme.

Er weiß, es gibt kein Zurück. Andreas verschwindet in der Dunkelheit.

* Angst - fear
* Ausweg - way out
* dunkel - dark
* fühlen - to feel
* halten - to hold

- kalt - cold
- legen - to lay
- still - silent
- verloren - lost
- zittern - to shiver, tremble

Vor 4000 Jahren

Die Zeitmaschine

Ane ist eine Frau aus dem Baskenland. Sie ist neugierig auf die Geschichte ihres Volkes. Ane ist eine Wissenschaftlerin und Erfinderin. Sie hat eine Zeitmaschine gebaut. Die Zeitmaschine ist klein und blau. Sie nennt ihre Zeitmaschine „Txalupa".

Eines Tages sagt Ane zu sich selbst: „Ich will in die Vergangenheit reisen. Ich will die Ursprünge meines Volkes erforschen."

Ane plant eine Reise ins Jahr 2000 v. Chr. Sie bereitet sich gut auf die Reise vor. „Ich brauche Essen und Wasser," denkt sie. Sie packt auch ein Notizbuch und Stifte ein.

Ihre Familie weiß nichts von der Reise. „Ich muss vorsichtig sein," sagt sie leise. Ane ist sehr aufgeregt und auch ein bisschen nervös.

Als sie fertig ist, steht sie vor der Zeitmaschine. „Bist du bereit, Txalupa?" fragt Ane. Sie lächelt und drückt den roten Knopf. Die Zeitmaschine beginnt zu vibrieren. Lichter blinken überall um sie herum.

„Es geht los," sagt Ane und schließt die Augen. Sie fühlt sich leicht und schwerelos. Plötzlich wird alles dunkel um sie herum. Ane hat ein bisschen Angst, aber sie ist auch gespannt.

Dann spürt sie einen Ruck. Die Zeitmaschine landet. Ane öffnet vorsichtig die Augen und schaut aus dem Fenster. Sie sieht eine unbekannte Landschaft.

„Ich bin da," flüstert Ane. Sie öffnet die Tür der Zeitmaschine. Ane atmet tief ein und fühlt sich mutig. Sie tritt aus der Maschine und beginnt zu gehen.

„Was werde ich hier finden?" fragt sie sich. Ane ist bereit für ihr Abenteuer in der Vergangenheit.

* Abenteuer - adventure
* aufgeregt - excited
* erforschen - to explore
* Erfinderin - inventor (female)
* gespannt - curious
* mutig - brave
* neugierig - curious
* schwerelos - weightless
* vibrieren - to vibrate
* vorsichtig - careful

Die Reise beginnt

Ane steigt in die Zeitmaschine ein. Sie setzt sich auf den Stuhl und schaut sich um. „Bist du bereit, Txalupa?" fragt sie die Maschine. Ane drückt auf den roten Knopf.

Die Zeitmaschine beginnt zu vibrieren. Lichter blinken überall um sie herum. „Oh, das ist aufregend!" ruft Ane. Sie fühlt sich leicht und schwerelos. „Wow, das ist unglaublich," sagt sie.

Plötzlich ist alles dunkel um sie herum. Ane hat ein bisschen Angst. „Was passiert jetzt?" fragt sie leise. Dann spürt sie einen Ruck. „Wir landen," sagt Ane erleichtert.

Die Zeitmaschine landet sanft. Ane schaut vorsichtig aus dem Fenster. Sie sieht eine unbekannte Landschaft. „Wo bin ich?" fragt sie sich.

Ane öffnet die Tür der Zeitmaschine. Sie atmet tief ein und fühlt sich mutig. „Ich kann das schaffen," sagt sie zu sich selbst. Ane tritt aus der Maschine und beginnt zu gehen.

Sie sieht Bäume und Hügel. „Das ist so anders," sagt Ane. Sie geht langsam weiter und schaut sich um. „Ich bin wirklich in der Vergangenheit," flüstert sie.

Ane hört Geräusche in der Ferne. „Was ist das?" fragt sie sich. Sie folgt den Geräuschen. Ane fühlt sich neugierig und ein bisschen nervös. Sie geht weiter und weiter.

„Ich muss vorsichtig sein," sagt Ane zu sich selbst. Sie bleibt stehen und lauscht. „Wer ist da?" ruft sie. Keine Antwort. Ane geht weiter.

Plötzlich sieht sie Menschen in der Ferne. „Oh, da sind Leute," sagt sie. Ane lächelt und fühlt sich mutig. Sie geht auf die Menschen zu. „Hallo!" ruft sie. Die Menschen schauen sie neugierig an.

Ane ist bereit für neue Abenteuer in der Vergangenheit.

* Abenteuer - adventure
* aufgeregt - excited
* erleichtert - relieved
* ferne - distance
* flüstern - to whisper
* lauschen - to listen
* neugierig - curious
* schwerelos - weightless
* vibrieren - to vibrate
* vorsichtig - careful

Die erste Begegnung

Ane sieht Menschen in der Ferne. Die Menschen tragen einfache Kleidung. Ane nähert sich langsam und vorsichtig. „Hallo," ruft sie leise. Die Menschen bemerken sie.

Ein Mann kommt auf sie zu. „Wer bist du?" fragt er. Er spricht eine unbekannte Sprache. Ane versucht zu lächeln und freundlich zu sein. „Ich bin Ane," sagt sie.

Der Mann sieht sie verwirrt an. „Komm mit," sagt er schließlich und zeigt auf das Dorf. Ane folgt ihm. Der Mann führt sie ins Dorf. Im Dorf sind viele Häuser aus Stein und Lehm. Ane schaut sich um und staunt.

„Das ist alles so anders," denkt sie. Ane sieht Töpferwaren und Werkzeuge. Die Menschen sind neugierig auf Ane. Sie flüstern miteinander und zeigen auf sie.

Eine Frau kommt zu Ane und bringt ihr Essen und Wasser. „Hier, bitte," sagt die Frau. Ane dankt der Frau mit einem Lächeln. „Danke, das ist sehr nett," sagt sie.

Die Frau lächelt zurück und zeigt auf sich. „Ich bin Amaia," sagt sie. Ane wiederholt den Namen. „Amaia, schön dich kennenzulernen."

Amaia nickt und zeigt auf das Dorf. „Willkommen," sagt sie. Die Menschen heißen Ane im Dorf willkommen. Ane fühlt sich glücklich und nicht mehr so nervös.

„Ich bin gespannt, was ich hier lernen werde," denkt Ane. Sie fühlt sich bereit für die Abenteuer, die vor ihr liegen.

• Abenteuer - adventure
• einfache - simple
• flüstern - to whisper
• freundlich - friendly
• gespannt - curious
• Lehm - clay
• neugierig - curious
• staunen - to be amazed
• Töpferwaren - pottery

• vorsichtig - careful

Das Leben im Dorf

Ane lernt die Menschen im Dorf kennen. „Wie heißt du?" fragt ein kleines Mädchen. „Ich bin Ane," antwortet sie und lächelt. Das Mädchen lacht. „Ich heiße Leire," sagt sie.

Ane erfährt, dass sie im El Argar-Gebiet ist. „Wo bin ich?" fragt Ane Amaia. „Du bist in El Argar," antwortet Amaia. „Das ist unsere Heimat."

Die Menschen hier leben von Landwirtschaft. „Was macht ihr hier?" fragt Ane einen Mann. „Wir bauen Getreide und Gemüse an," sagt er. „Und wir jagen auch Tiere," fügt er hinzu.

Ane hilft bei der Ernte. „Wie kann ich helfen?" fragt sie. Amaia zeigt ihr, wie man das Getreide sammelt. „So machst du es richtig," sagt Amaia und lacht.

Sie lernt, wie man Getreide mahlt. „Das ist schwer," sagt Ane. Amaia nickt. „Ja, aber es ist wichtig," sagt sie.

Ane ist beeindruckt von der Gemeinschaft. „Ihr arbeitet alle zusammen," sagt sie. Amaia lächelt. „Ja, wir sind eine große Familie," sagt sie stolz.

Die Menschen arbeiten zusammen. „Was macht ihr?" fragt Ane einen Mann. „Wir bauen ein neues Haus," sagt er. „Möchtest du helfen?"

Es gibt keine Schrift, nur mündliche Überlieferungen. „Wie erzählt ihr Geschichten?" fragt Ane. Amaia erklärt: „Wir sprechen und singen. So bleiben unsere Geschichten lebendig."

Ane erzählt ihnen von ihrer Heimat. „In meiner Zeit gibt es große Städte," sagt sie. Die Menschen sind fasziniert von ihren Geschichten. „Das klingt wunderbar," sagt Amaia.

Ane lernt die Sprache langsam. „Wie sagt man ‚Danke'?" fragt
sie. „Eskerrik asko," sagt Amaia. Ane wiederholt: „Eskerrik
asko."

Sie fühlt sich immer wohler im Dorf. „Ich mag es hier," sagt Ane.
Amaia lächelt. „Wir mögen dich auch, Ane," sagt sie.

Ane schaut sich um und fühlt sich zu Hause. „Ich bin glücklich
hier," denkt sie. Sie ist bereit für weitere Abenteuer im El Argar-
Gebiet.

• beeindruckt - impressed
• Ernte - harvest
• fasziniert - fascinated
• Gemeinschaft - community
• Getreide - grain
• jagen - to hunt
• lebendig - alive
• mündlich - oral
• stolz - proud
• Überlieferungen - traditions

Die Entdeckungen

Ane erforscht die Umgebung des Dorfes. „Ich möchte mehr
sehen," sagt sie zu Amaia. „Komm mit," sagt Amaia. Sie gehen
zusammen hinaus.

Sie finden alte Gräber und Schmuckstücke. „Was ist das?" fragt
Ane und zeigt auf ein Schmuckstück. „Das ist sehr alt," sagt
Amaia. Ane dokumentiert alles in ihrem Notizbuch. „Ich muss
alles aufschreiben," denkt sie.

Ane entdeckt Werkzeuge aus Bronze. „Diese Werkzeuge sind aus
Bronze," sagt sie erstaunt. Amaia nickt. „Ja, wir machen sie hier."

Ane ist erstaunt über die Handwerkskunst. „Das ist wunderbare Arbeit," sagt sie. Amaia lächelt. „Möchtest du lernen, wie man Bronze schmiedet?" fragt sie. „Ja, bitte," sagt Ane.

Die Menschen zeigen ihr ihre Techniken. „So hältst du den Hammer," sagt ein Mann. Ane hilft bei der Herstellung von Werkzeugen. „Das ist schwer, aber spannend," sagt sie.

Sie entdeckt alte Töpferwaren. „Diese Töpfe sind wunderschön," sagt Ane. Amaia nickt. „Wir machen sie selbst."

Ane lernt, wie man Töpfe formt und brennt. „Hier ist der Ton," erklärt Amaia. „Du musst ihn so formen." Ane versucht es. „Es ist nicht leicht," sagt sie lachend.

Sie findet Reste von Textilien. „Was ist das?" fragt Ane und hebt ein Stück Stoff auf. „Das sind alte Textilien," erklärt Amaia.

Ane erfährt viel über das tägliche Leben. „Wie lebt ihr hier?" fragt sie. „Wir arbeiten, essen und feiern zusammen," sagt Amaia. „Das ist unser Leben."

Die Menschen teilen ihre Geschichten mit ihr. „Mein Vater hat dieses Dorf gebaut," sagt ein Mann. „Und meine Mutter hat diese Töpfe gemacht," sagt eine Frau stolz.

Ane fühlt sich wie ein Teil der Gemeinschaft. „Ich bin glücklich hier," sagt sie. „Ihr seid meine Freunde."

Ane schaut in die Ferne. „Was werde ich als Nächstes entdecken?" denkt sie. Sie ist gespannt auf weitere Abenteuer im El Argar-Gebiet.

- bronzen - bronze
- entdecken - to discover
- erforschen - to explore
- gespannt - curious
- Gräber - graves

- Handwerkskunst - craftsmanship
- Notizbuch - notebook
- Textilien - textiles
- Töpferwaren - pottery
- Umgebung - surroundings

Abenteuer und Herausforderungen

Ane erlebt viele Abenteuer im Dorf. „Heute ist ein besonderer Tag," sagt Amaia. „Was machen wir?" fragt Ane neugierig.

Einmal jagt sie mit den Männern des Dorfes. „Möchtest du mit uns jagen?" fragt ein Mann. „Ja, das möchte ich," sagt Ane.

Sie lernt, wie man Pfeil und Bogen benutzt. „So hältst du den Bogen," erklärt der Mann. Ane zieht den Pfeil und schießt. „Das macht Spaß," sagt sie lachend.

Ane hilft, ein verletztes Tier zu versorgen. „Das Tier ist verletzt," sagt Amaia. „Was können wir tun?" fragt Ane. „Wir müssen es verbinden," sagt Amaia. Ane hilft, das Tier zu heilen.

Ein großes Fest wird im Dorf gefeiert. „Heute ist ein Fest," sagt Amaia. „Warum?" fragt Ane. „Es ist Erntezeit," erklärt Amaia.

Es gibt viel Musik und Tanz. „Komm, tanze mit uns," sagt ein Mann. Ane tanzt mit den Dorfbewohnern. „Das ist so schön," sagt sie.

Ein Sturm zieht auf und zerstört einige Häuser. „Oh nein, ein Sturm!" ruft Ane. „Wir müssen helfen," sagt Amaia. Ane hilft beim Wiederaufbau.

Sie lernt, wie man Dächer repariert. „So machst du das Dach fest," sagt ein Mann. Ane arbeitet hart. „Ich kann das," denkt sie.

Einmal gibt es Streit im Dorf. „Warum streiten sie?" fragt Ane. „Es gibt ein Problem," sagt Amaia. Ane hilft, den Streit zu schlichten. „Wir müssen reden," sagt sie.

Sie fühlt sich verantwortlich für ihre neuen Freunde. „Ich will euch helfen," sagt Ane. „Danke, Ane," sagen die Dorfbewohner.

Ane wächst an ihren Aufgaben und Abenteuern. „Ich lerne so viel," sagt sie. „Du bist ein Teil von uns," sagt Amaia. Ane lächelt. „Ich fühle mich hier zu Hause," sagt sie.

* Abenteuer - adventures
* benutzen - to use
* Erntezeit - harvest time
* heilen - to heal
* neugierig - curious
* Pfeil und Bogen - bow and arrow
* schlichten - to mediate
* Sturm - storm
* versorgen - to take care of
* verantwortlich - responsible

Abschied und Rückkehr

Ane weiß, dass sie bald zurückkehren muss. „Meine Zeit hier ist fast vorbei," denkt sie traurig. Sie bereitet ihre Abreise vor. „Ich muss alles packen," sagt sie zu Amaia.

Ane erklärt den Menschen ihre Reise. „Ich komme aus der Zukunft," sagt sie. Die Menschen schauen sie überrascht an. „Du bist aus einer anderen Zeit?" fragt Amaia. „Ja," sagt Ane, „ich musste die Vergangenheit sehen."

Sie verabschiedet sich von ihren Freunden. „Ich werde euch vermissen," sagt sie. „Wir werden dich auch vermissen," sagt Amaia. Die Menschen sind traurig über ihren Abschied.

Sie geben ihr Geschenke mit auf die Reise. „Hier, das ist für dich," sagt ein Mann und gibt ihr ein kleines Tongefäß. „Danke," sagt Ane und lächelt.

Ane verspricht, sie nie zu vergessen. „Ich werde euch immer im Herzen tragen," sagt sie. „Und wir werden dich immer in Erinnerung behalten," sagt Amaia.

Sie steigt in die Zeitmaschine. „Es ist Zeit zu gehen," sagt Ane. Sie drückt den roten Knopf erneut. Die Maschine beginnt zu vibrieren.

Lichter blinken wieder um sie herum. „Es ist wie beim ersten Mal," denkt Ane. Sie fühlt sich wieder leicht und schwerelos. „Auf Wiedersehen, meine Freunde," flüstert sie.

Plötzlich ist sie zurück in ihrer Zeit. Ane öffnet die Augen und sieht ihr Labor. „Ich bin zurück," sagt sie leise. Ane ist glücklich und dankbar für das Abenteuer.

„Ich habe so viel gelernt," denkt sie. „Ich werde meine Geschichte teilen." Ane lächelt. „Das war das Abenteuer meines Lebens," sagt sie.

- Abreise - departure
- Abschied - farewell
- blinken - to blink
- das Gefäß - vessel
- die Vergangenheit - past
- die Zukunft - future
- leicht - light
- schwerelos - weightless
- versprechen - to promise
- vibrieren - to vibrate

Die Reise durch die Zeit

Die Entdeckung des Zauberbuchs

Maria lebt in Deutschland und ist sehr neugierig. Sie liebt Bücher und geht oft in Antiquariatsläden. Eines Tages findet sie ein altes Buch. Das Buch heißt „Zauber der Zeit".

„Oh, das klingt spannend," sagt Maria und kauft das Buch sofort. Sie geht nach Hause und liest das Buch. „Hier sind viele Zaubersprüche," murmelt sie.

Ein Zauber ist ein Zeitreisezauber. „Das ist unglaublich!" ruft Maria. Sie ist sehr aufgeregt. „Ich will Menschen aus der Vergangenheit treffen," sagt sie.

Maria bereitet alles für den Zauber vor. „Ich brauche Kerzen und einen ruhigen Ort," denkt sie. Sie setzt sich in ihr Zimmer und spricht die magischen Worte. Plötzlich leuchtet das Buch.

„Was passiert?" fragt Maria. Sie fühlt sich leicht und verschwindet. „Ich reise durch die Zeit!" ruft sie, bevor alles dunkel wird.

- Antiquariat - antiquarian bookstore
- aufgeregt - excited
- entdecken - to discover
- Kerzen - candles
- murmeln - to murmur
- neugierig - curious
- vorbereiten - to prepare
- verschwinden - to disappear
- Zauberbuch - magic book
- Zauberspruch - spell

Begegnung mit Kaiser Friedrich Barbarossa

Maria öffnet die Augen und schaut sich um. Sie sieht hohe
Mauern und alte Gemälde. „Wo bin ich?" fragt sie sich. Sie hört
Schritte und dreht sich um. Ein Ritter steht vor ihr.

„Wer bist du?" fragt der Ritter streng. „Ich bin Maria," antwortet
sie leise. Der Ritter nickt. „Komm mit," sagt er und führt sie
durch lange Gänge.

Sie kommen in einen großen Saal. Dort sitzt ein Mann auf einem
Thron. „Wer bist du?" fragt der Mann. „Ich bin eine Reisende,"
sagt Maria.

Der Mann lächelt. „Willkommen in meinem Reich. Ich bin Kaiser
Friedrich Barbarossa." Maria ist erstaunt. „Der echte Kaiser
Friedrich Barbarossa?" fragt sie. Der Kaiser lacht. „Ja, der echte."

Maria und der Kaiser sprechen lange. „Wie ist das Leben im
Mittelalter?" fragt Maria. „Es ist hart, aber auch schön," antwortet
der Kaiser. „Wir haben viele Feste und Turniere."

Maria lernt viel über das Mittelalter. Sie erfährt, wie die
Menschen leben, was sie essen und wie sie arbeiten. „Das ist alles
so interessant," sagt Maria.

Der Kaiser nickt. „Du bist eine gute Zuhörerin," sagt er. Maria
lächelt. „Danke, Herr Kaiser."

„Es ist Zeit, weiterzureisen," denkt Maria nach einer Weile. „Ich
muss wieder gehen," sagt sie zum Kaiser. Der Kaiser schaut
überrascht. „Wohin gehst du?" fragt er. „Ich habe noch viele Orte
zu besuchen," antwortet Maria.

„Reise sicher, Maria," sagt der Kaiser und lächelt. „Danke, Herr
Kaiser. Ich werde an unser Gespräch denken," sagt Maria.

Maria verlässt die Burg und findet einen ruhigen Platz. Sie spricht
die magischen Worte. „Zauber der Zeit, bring mich weiter," sagt
sie.

Plötzlich fühlt sie sich wieder leicht und verschwindet. „Ich bin bereit für das nächste Abenteuer," denkt sie, bevor alles dunkel wird.

- Gemälde - painting
- Kaiser - emperor
- leise - quietly
- Mittelalter - Middle Ages
- Reich - realm
- Ritter - knight
- Thron - throne
- verschwinden - to disappear
- weiterreisen - to travel further
- Zuhörerin - listener

Reise zu Cleopatra und Caesar

Maria spricht den Zauber erneut. Sie fühlt sich leicht und verschwindet. Plötzlich landet sie in einem prächtigen Palast. „Das muss Ägypten sein," denkt sie.

Sie sieht eine schöne Frau auf einem Thron. „Ich bin Cleopatra," sagt die Frau. Neben ihr steht ein Mann. „Ich bin Caesar."

Maria verbeugt sich tief. „Ich bin Maria." Cleopatra lächelt. „Willkommen in Alexandria," sagt sie freundlich.

Maria sieht die schönen Gärten und Tempel. „Das ist wunderschön," sagt Maria bewundernd. Cleopatra nickt. „Ja, Alexandria ist sehr schön."

Maria spricht mit Cleopatra und Caesar. „Wie ist es, ein Herrscher zu sein?" fragt Maria neugierig. Cleopatra lächelt. „Es ist eine große Verantwortung," sagt sie. „Aber es ist auch eine Ehre."

Caesar spricht über Rom. „Rom ist stark und mächtig," sagt er stolz. „Wir haben viele Städte und Armeen."

Maria lernt viel über das alte Ägypten und Rom. „Das ist alles so faszinierend," sagt sie. Cleopatra und Caesar erzählen viele Geschichten. „Unsere Kulturen sind alt und reich," sagt Cleopatra.

Maria fühlt sich glücklich. „Ich habe so viel gelernt," denkt sie. „Danke, dass ihr mit mir gesprochen habt," sagt sie.

Cleopatra lächelt. „Es war schön, dich kennenzulernen, Maria." Caesar nickt. „Reise sicher, Maria," sagt er.

Maria bereitet sich vor, weiterzureisen. „Ich muss jetzt gehen," sagt sie. „Ich habe noch viel zu entdecken." Cleopatra und Caesar winken ihr zum Abschied.

Maria spricht die magischen Worte. „Zauber der Zeit, bring mich weiter," sagt sie leise. Sie fühlt sich wieder leicht und verschwindet. „Ich bin bereit für das nächste Abenteuer," denkt sie, bevor alles dunkel wird.

* Abenteuer - adventure
* Alexandria - Alexandria
* Armee - army
* bewundern - to admire
* entdecken - to discover
* faszinierend - fascinating
* Herrscher - ruler
* Kultur - culture
* mächtig - powerful
* Verantwortung - responsibility

Besuch bei Heron von Alexandria

Maria spricht den Zauber wieder. Sie fühlt sich leicht und verschwindet. Plötzlich landet sie in einer Werkstatt. Überall sind Werkzeuge und Geräte.

„Wer bist du?" fragt ein Mann. Er schaut Maria überrascht an. „Ich bin Maria," sagt sie freundlich.

„Ich bin Heron von Alexandria," sagt der Mann und lächelt. Heron zeigt Maria seine Erfindungen. „Das ist eine Dampfturbine," sagt er stolz.

Maria ist beeindruckt. „Das ist erstaunlich," sagt sie. „Du bist ein Genie."

Heron lächelt. „Ich liebe die Wissenschaft," sagt er. „Willst du mir helfen?" Maria nickt. „Ja, gerne!"

Maria hilft Heron bei einem Experiment. Sie halten zusammen Teile und machen Berechnungen. „Was machen wir jetzt?" fragt Maria.

„Wir testen die Dampfturbine," sagt Heron. Sie beobachten, wie die Maschine arbeitet. Maria staunt. „Es funktioniert!"

Sie sprechen über Mathematik und Physik. „Ich mag Zahlen," sagt Maria. Heron lacht. „Ich auch. Sie sind überall."

Maria lernt viel über die alten Erfindungen. „Du hast so viele Ideen," sagt sie. Heron nickt. „Ja, die Welt ist voller Wunder."

„Ich muss weiterreisen," sagt Maria nach einer Weile. „Ich habe noch viele Orte zu besuchen."

Heron lächelt. „Reise sicher, Maria. Es war schön, dich kennenzulernen." Maria bedankt sich. „Danke, Heron. Du bist großartig."

Maria spricht die magischen Worte. „Zauber der Zeit, bring mich weiter," sagt sie. Sie fühlt sich wieder leicht und verschwindet.

„Ich bin bereit für das nächste Abenteuer," denkt sie, bevor alles dunkel wird.

* beeindruckt - impressed
* Berechnungen - calculations
* Dampfturbine - steam turbine
* Erfindungen - inventions
* Experiment - experiment
* Genie - genius
* Physik - physics
* staunen - to be amazed
* Werkstatt - workshop
* Wissenschaft - science

Warnung von Archimedes

Maria reist weiter und landet in Griechenland. Sie steht an einem sonnigen Strand und sieht einen Mann in der Ferne.

„Bist du Archimedes?" fragt sie, als sie näher kommt.

„Ja, ich bin es," sagt der Mann und schaut sie neugierig an.

Maria erzählt von ihren Reisen. „Ich habe viele Orte und Menschen gesehen," sagt sie.

Archimedes schaut besorgt. „Zeitreisen sind gefährlich," sagt er ernst.

„Warum?" fragt Maria überrascht.

„Du kannst die Vergangenheit nicht ändern," sagt er. „Es könnte schlimme Folgen haben."

Maria nickt. „Ich verstehe," sagt sie nachdenklich.

Archimedes zeigt Maria seine Erfindungen. „Das ist mein Hebel," sagt er. „Damit kann ich schwere Dinge leicht bewegen."

Sie sprechen über die Wissenschaft. „Ich liebe Mathematik," sagt Maria. Archimedes lächelt. „Ich auch. Es ist die Sprache des Universums."

„Pass auf dich auf," sagt Archimedes. „Und sei vorsichtig mit deinen Reisen."

Maria dankt ihm. „Danke, Archimedes. Ich werde vorsichtig sein."

Maria bereitet sich vor, weiterzureisen. „Eine letzte Reise," denkt sie.

Sie spricht die magischen Worte. „Zauber der Zeit, bring mich weiter," sagt sie. Sie fühlt sich wieder leicht und verschwindet. „Ich bin bereit für das nächste Abenteuer," denkt sie, bevor alles dunkel wird.

• besorgt - concerned
• Erfindungen - inventions
• gefährlich - dangerous
• Hebel - lever
• leicht - light
• Mathematik - mathematics
• neugierig - curious
• nachdenklich - thoughtful
• Vergangenheit - past
• vorsichtig - careful

Besuch bei ihren Eltern

Maria will ihre Eltern sehen. „Ich möchte meine Familie besuchen," denkt sie. Sie spricht den Zauber und reist in die Vergangenheit.

Sie landet in ihrem alten Haus. „Das ist mein Zuhause," denkt sie und schaut sich um. Alles sieht genauso aus wie früher.

Sie sieht ihre Eltern im Garten. „Mama! Papa!" ruft sie laut.

Ihre Eltern schauen überrascht auf. „Wer bist du?" fragt ihre Mutter.

„Ich bin Maria," sagt sie und lächelt.

Plötzlich sieht sie sich selbst als Kind im Garten spielen. „Das bin ich!" ruft die kleine Maria erstaunt.

Eine Spannung füllt die Luft. „Was passiert?" fragt die Mutter ängstlich.

Die Zeit beginnt sich zu verformen. Alles beginnt zu zittern und verschwimmen.

Plötzlich wird alles dunkel und ruhig. Maria fühlt sich seltsam. „Was habe ich getan?" denkt sie. Sie spürt, dass etwas nicht stimmt. „Ich hoffe, alles wird gut," flüstert sie leise, bevor sie die Augen schließt.

- erstaunt - astonished
- flüstern - to whisper
- fühlen - to feel
- Vergangenheit - past
- verschwimmen - to blur
- verformen - to deform
- zittern - to tremble
- Zuhause - home
- seltsam - strange
- Spannung - tension

Die Konsequenzen

Maria wacht in einem leeren Raum auf. „Wo bin ich?" fragt sie laut. Sie schaut sich um, aber der Raum ist leer.

Plötzlich hört sie eine Stimme. „Du hast das Universum verändert," sagt die Stimme.

„Was habe ich getan?" fragt Maria erschrocken.

„Du warst zur gleichen Zeit an zwei Orten," erklärt die Stimme.

„Das war ein Fehler," sagt Maria traurig. „Ich wollte das nicht."

Die Stimme erklärt weiter. „Das Universum wurde rückwärts abgespult."

„Ist alles verloren?" fragt Maria ängstlich.

„Ja, die Zeitlinie ist zerstört," sagt die Stimme.

Maria fühlt sich schuldig. „Ich wollte nur meine Eltern sehen," sagt sie leise.

„Man kann die Vergangenheit nicht ändern," sagt die Stimme ernst.

Maria schließt die Augen. Sie spürt Tränen auf ihren Wangen. „Es tut mir leid," flüstert sie.

Alles wird still und dunkel. Maria fühlt sich allein und verloren. „Ich hoffe, es gibt noch eine Chance," denkt sie, bevor alles verschwindet.

• erschrocken - frightened
• ernst - serious
• Fehler - mistake
• rückwärts - backwards
• schuldig - guilty
• still - silent

- Tränen - tears
- verändern - to change
- verloren - lost
- Zeitlinie - timeline

Eine neue Realität

Maria öffnet die Augen. Sie ist wieder in der Gegenwart. „War alles nur ein Traum?" fragt sie sich.

Sie schaut sich um. Ihr Zimmer sieht anders aus. Maria sieht das alte Buch auf dem Tisch. „Das Buch!" ruft sie.

Sie öffnet es und sieht leere Seiten. „Die Zauber sind weg," sagt sie leise. Maria fühlt sich traurig und erleichtert zugleich.

„Ich bin wieder zu Hause," denkt sie. Sie steht auf und geht nach draußen.

Die Sonne scheint und die Vögel singen. Maria atmet tief ein. „Ich werde meine Familie schätzen," sagt sie zu sich selbst.

Maria beginnt ein neues Kapitel in ihrem Leben. Sie weiß jetzt, wie wichtig ihre Familie und Freunde sind. „Das Abenteuer hat mich verändert," denkt sie und lächelt.

- erleichtert - relieved
- Gegenwart - present
- zugleich - at the same time
- schätzen - to appreciate
- verändert - changed
- Kapitel - chapter
- zugleich - at the same time
- träumen - to dream
- atmen - to breathe
- wichtig - important

Der Diktator im Eis

Der böse Diktator

Ein böser Diktator herrscht über ein Land. Er führt einen schrecklichen Krieg. Der Krieg läuft schlecht für ihn. „Wir verlieren den Krieg," sagt der Diktator zu seinen Generälen.

„Was sollen wir tun?" fragt ein General. Der Diktator hat Angst vor den Konsequenzen. „Ich muss fliehen," denkt er.

Er plant seine Flucht. „Ich werde mich einfrieren lassen," sagt er. Seine Wissenschaftler bauen eine Kryokammer. „Ist die Kammer bereit?" fragt der Diktator.

„Ja, Herr," antworten die Wissenschaftler. Der Diktator versteckt sich an einem geheimen Ort. „Niemand wird mich hier finden," sagt er.

Er wird eingefroren und vergessen. „Ich werde in der Zukunft wiederkommen," denkt der Diktator, bevor er einschläft.

- eingefroren - frozen
- Flucht - escape
- geheim - secret
- herrschen - to rule
- Kryokammer - cryochamber
- Konsequenzen - consequences
- schrecklich - terrible
- verstecken - to hide
- verlieren - to lose
- Wissenschaftler - scientists

Die Jahre vergehen

Jahrzehnte und Jahrhunderte vergehen. Der Krieg ist lange vorbei. Die Menschen erinnern sich nicht mehr daran.

„Der Diktator ist vergessen,“ sagt ein Historiker.

Die Welt verändert sich. „Es gibt neue Länder,“ sagt ein Lehrer.

„Die Technik entwickelt sich weiter,“ sagt ein Wissenschaftler.

Niemand kennt den geheimen Ort. Die Kryokammer bleibt unentdeckt.

„Was ist das?“ fragt ein Kind und zeigt auf eine alte Karte.

„Das ist ein geheimer Ort,“ sagt der Lehrer, aber niemand weiß, was dort ist.

Der Diktator schläft tief und fest. „Ich werde eines Tages wieder aufwachen,“ denkt er, während er schläft.

Die Geschichte geht weiter. Die Menschen leben ihr Leben. „Wir müssen in die Zukunft schauen,“ sagt ein Politiker.

Aber der Diktator wartet. „Meine Zeit wird kommen,“ denkt er im Schlaf.

- entwickelt - develops
- fest - firmly
- geheim - secret
- Jahrhunderte - centuries
- Jahrzehnte - decades
- Karte - map
- Kryokammer - cryochamber
- Politiker - politician
- Technik - technology
- unentdeckt - undiscovered

Die Entdeckung

Ein Team von Wissenschaftlern arbeitet in einem Labor. Sie suchen nach alten Artefakten.

„Wir müssen noch mehr finden," sagt Dr. Müller.

„Ja, ich hoffe, wir haben heute Glück," antwortet Dr. Schmidt.

Plötzlich finden sie einen versteckten Raum. „Schaut mal, hier ist eine Tür," sagt Dr. Becker.

Im Raum ist die Kryokammer. „Was ist das?" fragt ein Wissenschaftler erstaunt.

„Das sieht interessant aus," sagt eine Wissenschaftlerin neugierig.

Sie öffnen die Kryokammer vorsichtig. „Seid vorsichtig, wir wissen nicht, was das ist," warnt Dr. Müller.

Sie finden den eingefrorenen Diktator. „Wer ist das?" fragt jemand überrascht.

„Das muss eine wichtige Person sein," sagt Dr. Schmidt.

Sie beschließen, ihn aufzutauen. „Wir müssen herausfinden, wer er ist," sagt Dr. Becker.

„Einverstanden," sagt Dr. Müller. „Lasst uns ihn auftauen."

Sie bereiten alles vor. „Hoffentlich machen wir keinen Fehler," sagt eine Wissenschaftlerin leise.

„Wir werden es herausfinden," antwortet Dr. Schmidt.

• Artefakte - artifacts
• eingefroren - frozen
• einverstanden - agreed
• herausfinden - to find out
• Labor - laboratory

- öffnen - to open
- Person - person
- vorsichtig - carefully
- Wissenschaftler - scientist
- Wissenschaftlerin - female scientist

Der Diktator erwacht

Die Wissenschaftler tauen den Diktator auf. Langsam beginnt er sich zu bewegen.

„Wo bin ich?" fragt er verwirrt.

„Sie sind in einem Labor," sagt ein Wissenschaftler.

Der Diktator erinnert sich an alles. „Ich bin der Herrscher," sagt er stolz.

Die Wissenschaftler sind überrascht. „Wer sind Sie?" fragt Dr. Müller.

„Ich bin der Diktator," sagt er.

Die Wissenschaftler schauen sich an. „Wir wissen nicht, wer er ist," flüstert Dr. Schmidt.

Der Diktator will wieder Macht. „Ich werde meine Macht zurückgewinnen," denkt er.

„Was wollen Sie tun?" fragt Dr. Becker.

„Ich plane meine Rückkehr," sagt der Diktator ernst.

Die Wissenschaftler sind besorgt. „Wir müssen vorsichtig sein," sagt Dr. Müller leise zu den anderen.

„Ja, wir dürfen ihm nicht trauen," stimmt Dr. Schmidt zu.

Der Diktator lächelt. „Ihr werdet sehen, was ich tun kann," sagt er und schaut in die Ferne.

- aufgetaut - thawed
- besorgt - worried
- Diktator - dictator
- flüstern - to whisper
- Herrscher - ruler
- Labor - laboratory
- Macht - power
- Rückkehr - return
- trauen - to trust
- verwirrt - confused

Der Diktator entkommt

Der Diktator täuscht die Wissenschaftler. „Ich brauche frische Luft," sagt er ruhig.

„Okay, aber nur kurz," sagt Dr. Müller. Sie lassen ihn nach draußen. Der Diktator schaut sich um.

Plötzlich rennt er weg. „Halt, kommen Sie zurück!" ruft Dr. Schmidt, aber der Diktator ist schnell.

Er versteckt sich in einer alten Hütte. „Hier wird mich niemand finden," denkt er.

In der Hütte findet er neue Kleidung. „Das ist besser," sagt er zufrieden.

Der Diktator ist jetzt frei. „Endlich," murmelt er. „Ich bin frei."

Er will wieder Macht haben. „Ich werde wieder herrschen," denkt er.

Er beginnt, Leute zu beeinflussen. „Folgt mir," sagt er zu einigen Menschen. „Ich bringe euch Reichtum und Macht."

Einige Leute glauben ihm. „Ja, wir folgen dir," sagen sie.

Der Diktator hat neue Pläne. „Dies ist nur der Anfang," sagt er
mit einem bösen Lächeln.

- beeinflussen - to influence
- böse - evil
- fliehen - to escape
- folgen - to follow
- herrschen - to rule
- Hütte - hut
- Kleidung - clothes
- täuschen - to deceive
- verstecken - to hide
- zufrieden - satisfied

Der neue Plan

Der Diktator will eine Armee aufbauen. „Ich brauche Anhänger,"
denkt er. Er sucht nach Leuten, die ihm folgen.

„Folgt mir," sagt er zu den Leuten auf der Straße. Einige
Menschen glauben ihm. „Wer bist du?" fragt ein Mann.

„Ich war ein großer Herrscher," sagt der Diktator stolz. „Ich kann
euch Reichtum und Macht geben."

Er erzählt von seiner alten Macht. „Ich habe viele Länder
erobert," sagt er. „Ich war stark und mächtig."

Er verspricht Reichtum und Macht. „Ihr werdet reich und stark
sein, wenn ihr mir folgt," sagt er. Immer mehr Menschen folgen
ihm. „Ja, wir wollen Reichtum und Macht," sagen sie.

Der Diktator fühlt sich stark. „Ich habe wieder eine Armee,"
denkt er. „Ich bin mächtig."

Er plant einen Angriff. „Wir werden diese Stadt erobern," sagt er zu seinen Anhängern. Die Menschen nicken. „Ja, wir folgen dir," sagen sie.

Die Gefahr wächst. „Wir müssen schnell handeln," denkt der Diktator. „Bald wird die Stadt uns gehören."

- Anhänger - follower
- erobern - to conquer
- Gefahr - danger
- handeln - to act
- Herrscher - ruler
- mächtig - powerful
- Reichtum - wealth
- stolz - proud
- versprechen - to promise
- wachsen - to grow

Der erste Angriff

Der Diktator und seine Anhänger greifen eine Stadt an. „Wir müssen schnell sein," sagt der Diktator.

Sie zerstören Gebäude und Straßen. „Zerstört alles," ruft der Diktator. Die Menschen haben Angst. „Was passiert hier?" fragen sie.

„Wer ist dieser Mann?" fragen die Leute. „Er ist gefährlich," sagt jemand.

Der Diktator zeigt seine Macht. „Niemand kann mich aufhalten," sagt er laut.

Die Regierung ist besorgt. „Wir müssen etwas tun," sagt der Bürgermeister.

Sie schicken Soldaten. „Stoppt diesen Mann," befehlen sie.

Es gibt einen großen Kampf. „Wir dürfen nicht verlieren," sagt ein Soldat.

Viele Menschen sterben. „Es ist schrecklich," sagt eine Frau.

Der Diktator gewinnt die Schlacht. „Das ist nur der Anfang," sagt er. „Ich werde noch mächtiger."

* Angst - fear
* besorgt - worried
* Bürgermeister - mayor
* gefährlich - dangerous
* Kampf - battle
* mächtig - powerful
* Schlacht - battle
* Soldaten - soldiers
* zerstören - to destroy
* aufhalten - to stop

Die dunkle Herrschaft

Der Diktator übernimmt die Stadt. „Diese Stadt gehört jetzt mir," sagt er laut. Die Menschen haben Angst.

Er setzt seine Regeln durch. „Ihr müsst meinen Befehlen gehorchen," befiehlt er.

Die Menschen müssen gehorchen. „Wir haben keine Wahl," flüstert ein Mann.

„Wer widerspricht, wird bestraft," sagt der Diktator. Die Menschen zittern vor Angst.

Angst regiert die Stadt. „Wir dürfen nichts falsch machen," sagt eine Frau.

Der Diktator will mehr Macht. „Diese Stadt reicht mir nicht,"
denkt er. „Ich will mehr."

Er plant weitere Angriffe. „Wir werden auch die Nachbarstädte
erobern," sagt er zu seinen Anhängern.

Die Menschen sind verzweifelt. „Was können wir tun?" fragt ein
Junge. „Wir brauchen Hilfe."

Sie suchen nach Hilfe. „Gibt es niemanden, der uns retten kann?"
fragt ein alter Mann.

Die Lage wird immer schlimmer. „Wir müssen stark bleiben,"
sagt eine Frau. „Aber es ist so schwer."

Der Diktator lächelt böse. „Bald werde ich noch mächtiger sein,"
denkt er.

- Angst - fear
- befehlen - to command
- bestraft - punished
- erobern - to conquer
- gehorchen - to obey
- Lage - situation
- mächtiger - more powerful
- Regeln - rules
- widersprechen - to contradict
- zittern - to tremble

Der große Krieg

Die Regierung kämpft gegen den Diktator. „Wir müssen ihn
stoppen," sagt der Präsident.

Es gibt viele Schlachten. „Bereit machen zum Kampf!" ruft ein
Soldat. Städte werden zerstört. „Unsere Stadt ist in Trümmern,"
weint eine Frau.

Viele Menschen fliehen. „Wir müssen weg," sagt ein Mann. „Es ist hier zu gefährlich."

Der Diktator ist gnadenlos. „Keine Gnade," befiehlt er seinen Soldaten. „Ich werde siegen," sagt er mit einem bösen Lächeln.

Die Soldaten sind müde und verletzt. „Ich kann nicht mehr," sagt ein Soldat und sinkt zu Boden.

Der Krieg dauert lange. „Wann wird das enden?" fragt ein Kind.

Es gibt viel Leid und Tod. „Wir haben so viel verloren," sagt eine alte Frau.

Niemand kann den Diktator stoppen. „Er ist zu stark," sagen die Menschen. „Was können wir tun?"

Der Diktator lacht. „Ich bin unbesiegbar," denkt er. „Niemand wird mich aufhalten."

- befiehlt - commands
- enden - to end
- fliehen - to flee
- gnadenlos - merciless
- Kampf - battle
- Leid - suffering
- Schlachten - battles
- siegen - to win
- Trümmern - ruins
- unbesiegbar - invincible

Das Ende

Der Diktator steht auf einem Hügel. Er schaut auf die zerstörte Welt. „Ich habe gewonnen," sagt er leise.

Doch er ist allein. Seine Anhänger sind tot. „Wo sind meine
Leute?" fragt er sich.

Die Städte sind Ruinen. „Alles ist zerstört," denkt er. Es gibt
keine Freude. „Was habe ich getan?" murmelt er.

Der Diktator fühlt sich leer. „Ich habe alles verloren," sagt er
traurig. Die Welt ist zerstört. „Es gibt nichts mehr."

Es gibt kein Happy End. Der Diktator sitzt allein auf dem Hügel.
„Ich bin allein," flüstert er. Die Sonne geht unter und die
Dunkelheit breitet sich aus.

• Anhänger - followers
• breitet sich aus - spreads
• flüstern - to whisper
• gewonnen - won
• Hügel - hill
• leer - empty
• murmeln - to murmur
• Ruinen - ruins
• zerstört - destroyed
• verloren - lost

German Graded Readers

For more books and E-book options visit:

www.briansmith.de